AF404374

PIERRE BIÉTRY
DÉPUTÉ

Les Jaunes de France

et la

question ouvrière

Tous ligués contre l'esclavage
D'un collectivisme menteur,
Librement, du genêt sauvage
Nous avons déployé la fleur.
PAUL HARET.

PARIS
LIBRAIRIE PAUL PACLOT ET Cⁱᵉ
4, RUE CASSETTE, 4

Les Jaunes de France

et la question ouvrière

INTRODUCTION

Cette petite brochure résume, aussi bien que possible, les aspirations des *Jaunes* et la partie doctrinale essentielle de leurs méthodes sociales.

Comme presque tout ce qui a trait aux questions générales, cette étude n'est pas exclusivement le fruit de celui qui la signe ; à côté des ouvrages compulsés et qui sont comme les références de certaines pages, il y a le travail modeste, éclairé, dévoué de nos collaborateurs intimes.

A part les extraits du *Socialisme et les Jaunes* qui occupent nécessairement ici une grande place, — en ce sens que mon livre résume nos idées et notre propagande, — j'ai eu un autre *collaborateur* pour éditer ce petit ouvrage. Il m'est interdit par sa modestie de mettre son nom sur les remerciements que je lui dois publiquement.

Et, maintenant, il me reste à formuler le vœu que ces pages soient lues avec la même loyauté qu'elles furent écrites.

Pierre BIÉTRY.

I

LES OUVRIERS AVANT LA RÉVOLUTION

Hippolyte Blanc, dans son ouvrage trop peu connu et si documenté *les Corporations de métiers*, commence son introduction par ces lignes qu'il faudrait méditer : « Les conditions économiques au milieu desquelles se débat la société moderne font peser sur elle une situation pleine de périls. Le travail est intermittent, le salaire irrégulier ou dérisoire, pour les femmes surtout, la concurrence étrangère nous déborde. De là des souffrances aiguës dans la classe ouvrière, de là un malaise social qui menace d'aboutir à l'effondrement.

« Organiser le travail est, de nos jours, une question qui ressemble à un insaisissable mirage, tant elle demeure insoluble malgré les enquêtes répétées du Gouvernement ou des Sociétés particulières. Néanmoins la France, pendant des siècles, a connu la paix des ateliers sous un régime économique qui donnait satisfaction aux besoins des travailleurs, puisqu'il a duré si longtemps. Ce régime, de plus, avait procuré à notre fabrication une supériorité telle que, même au xviiie siècle, époque de la décadence des corporations, on recherchait encore nos produits de tous côtés.

« Un peuple, quelle que soit la rupture violente opérée dans ses traditions nationales, n'en conserve pas moins *les énergies intimes qui constituent les aptitudes de race*. Les Français d'aujourd'hui peuvent donc obtenir les avantages dont jouissaient leurs ancêtres, à la condition toutefois de *rester fidèles* à ces mêmes aptitudes [1]. »

Après cette citation d'un érudit, apportons un autre témoignage qui a bien sa valeur, puisqu'il a été écrit par un journaliste nettement hostile aux institutions d'autrefois : « Pendant des siècles et des siècles, les corporations ouvrières avaient assuré la pacification du travail. Elles avaient réalisé l'harmonie des intérêts professionnels. Elles avaient édicté des règlements qui, aujourd'hui encore, apparaîtraient comme des merveilles de droiture et de saine prévoyance. Elles avaient engendré des artisans incomparables qui ont été l'honneur de notre

1. *Les Corporations de métiers*, par H. Blanc. Paris, Létouzey et Ané, 2e éd.

industrie, des artistes qui ont été la gloire de notre art[1]. »

Enfin le pape Léon XIII, dans sa fameuse encyclique du 15 mai 1891, sur *la Condition des ouvriers*, parlait en ces termes des corporations : « Nos ancêtres éprouvèrent longtemps la bienfaisante influence des corporations, car, tandis que les artisans y trouvaient d'inappréciables avantages, les arts, ainsi qu'une foule de monuments le proclament, y puisaient un nouveau lustre et une nouvelle vie. »

Inutile d'insister, voilà leur vraie place rendue aux corporations de métiers.

Quant à l'ouvrier, à sa situation économique et sociale, lisez ce qu'en dit un de nos érudits les plus compétents en la matière, qui a dépouillé avec un soin et des scrupules de savant beaucoup de nos archives historiques, pour composer la curieuse série d'ouvrages qui a pour titre *la Vie privée d'autrefois*. M. Alfred Franklin, bibliothécaire à la Bibliothèque Mazarine, écrit à ce sujet la très curieuse conclusion de ses recherches que voici, et qui étonnera ceux là seuls qui n'ont jamais étudié ces questions : « En somme, je crois qu'à tout prendre, l'ouvrier du XIIIe siècle était plus heureux que celui du XIXe. S'il ne jouissait pas de droits politiques, ce à quoi il ne songeait guère, il avait au sein de sa corporation une situation

Situations comparées de l'ouvrier du XIIIe et du XIXe siècle.

1. *La Dépêche de Toulouse*, article signé Pierre et Paul (19 mai 1906).

bien supérieure à celle que l'ouvrier d'aujour-d'hui occupe dans la société..., il était astreint à beaucoup moins de travail qu'on n'en exige actuellement dans la plupart des métiers[1]. »

La corporation.

Ceci exposé, entrons dans le cœur du sujet : Qu'est-ce qu'une corporation? La corporation est « la forme professionnelle de l'association ouvrière avant 1789; c'est une grande famille, groupant autour d'elle toutes les familles des maîtres, des compagnons, des apprentis, et exerçant une industrie d'après des règlements qu'elle se donne elle-même[2] ». Elle est, en outre, une organisation essentiellement libre, conçue en dehors de l'ingérence de tout pouvoir public; elle a son caractère propre, suivant les régions et les métiers, afin de s'adapter exacte-ment aux besoins et aux nécessités locales.

Son organisation.

« Dès le xiiie siècle, l'organisation du travail, encore imparfaite sans doute, avait été étudiée avec intelligence, elle reposait, à bien des égards, sur des bases plus libérales qu'aujour-d'hui. L'apprenti était efficacement protégé contre son maître, les institutions de pré-voyance avaient pris une grande extension, ouvriers et patrons, soumis aux mêmes statuts librement acceptés, vivaient en confrères qu'au-cune rivalité ne divise[3]. »

1. *Comment on devenait patron*, par A. Franklin. Paris, 1889, p. 123.
2. *Les Corporations de métiers*, p. 115.
3. *Comment on devenait patron*, p. 2, 3.

La corporation se gouvernait elle-même par des chefs appelés jurés qui, élus au suffrage universel, pendant deux ou trois ans la régissaient, maîtres et ouvriers réunis étaient ordinairement choisis moitié parmi les maîtres, moitié parmi les ouvriers[1]. La plupart du temps, elle possédait des immeubles et des champs ; elle était, en outre, propriétaire des métiers ; elle recevait des dons et des legs. Les revenus de ses biens, les droits perçus à l'entrée des apprentis, les amendes encourues formaient les principaux articles de son budget de recettes. Nous verrons plus loin quel emploi elle en faisait.

Absolument maîtresse chez elle, elle réglait les heures de travail d'après les besoins des corps de métiers ; elle les mesurait toujours avec beaucoup de sagesse. Tandis que, aujourd'hui, l'ouvrier travaille 308 jours de 10 à 11 heures chaque jour, en 1778[2] il ne travaillait que 280 jours et environ 9 heures par jour ; il avait 85 jours de repos ; en 1280[3], il en avait 141 et 224 de travail. N'oublions pas que les ouvriers étaient payés à l'année ou au mois. Les tréfiliers d'archal avaient même un mois de congé tous les ans[4]. D'après un usage conservé encore en Angleterre et aux États-Unis, le tra-

---

1. *Comment on devenait patron*, p. 36, 87.
2. *Id.*, p. 151.
3. *Id.*, p. 133.
4. *Id.*, p. 133.

vail était arrêté le samedi entre midi et quatre heures, pour permettre à l'ouvrier de jouir largement du repos et du bien-être de la journée du dimanche, passé au milieu de la famille, des charmantes distractions de ce jour, et dans l'occupation de ses devoirs religieux.

Personnes de la corporation.

Maintenant que nous connaissons la place que la corporation occupait dans l'ancienne France, avec son organisation générale, voyons les personnes qu'elle abrite et comment vis-à-vis du maître, de l'ouvrier et de l'apprenti elle remplit son triple rôle social, professionnel et familial.

L'apprenti.

Lorsque l'enfant était sorti de l'école[1] et qu'il avait choisi son métier, il était présenté par ses parents aux jurés de la corporation et celle-ci se chargeait désormais de lui. Elle le plaçait chez un maître qui le recevait dans sa famille, comme le fils de la maison. Le maître, d'après les statuts de la corporation, « était tenu de fournir à l'apprenti boire et manger, feu, lit, hôtel, chaussures et vêtures raisonnables[2] ». Il faudrait lire avec soin les admirables règlements édictés par la corporation sur les devoirs du patron vis-à-vis de l'apprenti, comment il

1. Personne n'ignore actuellement, grâce aux recherches de consciencieux érudits, que l'enseignement était répandu de tous côtés en France, et qu'à cette heure, il est mathématiquement démontré et prouvé que certaines provinces, au xiie siècle, avaient des écoles jusque dans les plus petits villages.

2. *Les Corporations de métiers*, p. 96.

devait le traiter, le former, le corriger : jamais mère forte et tendre ne fit mieux pour ses enfants. Quand l'apprenti sera devenu ouvrier, la corporation veillera sur lui avec les mêmes soins, la même tendresse. Il portera les noms de valet ou de compagnon, il continuera de loger chez son maître et de partager avec lui sa vie familiale, s'il n'est pas marié.

Jalouse de perpétuer la famille industrielle, la corporation favorisera le mariage du compagnon avec la fille ou la veuve du maître et ainsi elle exercera sur l'ouvrier les attributions de l'autorité paternelle. Elle aura, et c'est ici surtout qu'apparaît son rôle bienfaisant, une grande sollicitude pour ses membres malheureux. « Elle aidait, dit le Livre des métiers, ceux ouvriers ou apprentis qui se trouvaient hors d'état de gagner leur vie, soit que la maladie les condamnât au chômage, soit que l'âge leur imposât un repos définitif[1]. » Souvent elle avait des hôpitaux pour ses malades qu'elle soignait et faisait visiter par ses consuls. Dans certaines villes, elle avait fondé de véritables mutualités dont les détails d'organisation seraient pour nous pleins d'enseignements, véritables sociétés de secours mutuels pour les cas d'accident ou de maladie[2]. Ailleurs, elle se préoccupait même des vêtements de l'ouvrier, et

Le compagnon.

Sollicitude de la corporation pour l'ouvrier.

1. *Comment on devenait patron*, p. 70.
2. Nous ferons remarquer que ce n'est que depuis quelques années que des sociétés similaires sont fondées en France.

voulait qu'ils fussent toujours propres pour le travail. Quand un compagnon changeait de ville, elle lui donnait ce que nous appelons le *viaticum*, avec des lettres de recommandation pour les corporations des villes qu'il traverserait. Quelques-unes sont parfois bien touchantes ; lisez ce qui est écrit dans celle des faiseurs de pains d'épices : « Si l'un des compagnons est en chemin et n'a pas de quoy pour passer sondit chemin, les autres compagnons seront tenus de lui bailler piester jusques à la somme de deux escus[1]. » Arrivé dans la ville où il devait se fixer, le compagnon s'adressait aux ouvriers de sa corporation qui, sur le vu de ses lettres, le plaçaient chez un maître pour y gagner sa vie. Les veuves, les vieillards, les orphelins étaient l'objet des sollicitudes de l'association et de ses soins ; elle enlevait ainsi aux familles d'ouvriers presque toutes leurs charges. En tout cela d'ailleurs, rien d'administratif ; la corporation était la grande famille ouvrière où le compagnon avait ses droits et sa place, comme dans sa propre famille ; pas de démarches officielles, pas de sollicitations auprès de l'administration ; les jurés étaient là, ils veillaient à l'observation des règlements qui avaient tout prévu[2], parce qu'ils étaient le fruit non d'une conception idéale des choses, mais d'une longue et sage expérience.

1. *Comment on devenait patron*, p. 73.
2. *Id., passim.*

L'ouvrier avait ainsi un second foyer qui lui était bienfaisant et lui adoucissait toutes les tristesses de la vie. Aussi, formé, protégé par lui, il l'aimait et savait défendre ses droits avec une énergie d'autant plus grande que ce foyer était son œuvre et qu'il y vivait heureux, libre et respecté.

Toutes les causes de conflit avaient été écartées par une sage et admirable prévoyance que les mœurs avaient confirmée. Il était, comme son patron, copropriétaire des biens de la corporation ; plus que lui, il jouissait de ses revenus, et notre xx° siècle comprendrait peu l'égalité presque complète qui existait entre eux, pas plus que les sentiments fraternels qui unissaient les patrons d'un même corps de métiers[1].

A tous ces avantages ajoutez la facilité qu'avait l'ouvrier de devenir patron sous ce régime du travail. « Il est remarquable, dit un de ces savants érudits qui ont jeté sur notre ancienne France une lumière éclatante, M. Babeau, dans son ouvrage *les Artisans d'autrefois*, que l'ancienne société, basée sur la hiérarchie des classes, ait favorisé, plus que la nouvelle, le moyen de sortir de sa classe... Il était beaucoup plus aisé au compagnon de devenir maître, qu'il n'est aisé aujourd'hui à l'ouvrier de devenir patron[2]. » Et n'oublions pas que jusqu'à la

Amour de l'ouvrier pour la corporation.

Facilité pour l'ouvrier de devenir patron.

1. *Comment on devenait patron*, p. 64, 65.
2. *Les Artisans d'autrefois*. Paris, 1886, p. 62.

fin du xviie siècle, *jamais on n'a demandé à l'ouvrier de contribuer à aucune charge publique. Au moment de la Révolution, il ne payait encore aucune contribution directe, sauf la capitation qui pour lui ne dépassait pas 30 sols... souvent même il en était exempté.* Aussi sous Louis XIV le sort de l'ouvrier était l'objet de l'envie du bourgeois[1].

Nous comprenons maintenant que M. Franklin réédite, au cours de son livre, l'assertion que nous avons donnée en commençant, sur la supériorité de la condition des ouvriers d'autrefois et qui a dû étonner bien des lecteurs : « La vérité qui se dégage, dit-il, d'une étude approfondie et impartiale du régime des corporations, c'est que la condition de l'ouvrier au xiiie et au xive siècle était supérieure à sa condition actuelle. J'entends parler ici non du plus ou moins de bien-être dont il jouit — il a participé aux progrès réalisés dans ce sens — mais de sa condition morale et sociale qui n'a cessé d'empirer, en dépit des efforts faits pour la relever[2].

Résultats au point de vue technique

Cette organisation du travail dont nous venons de constater les effets bienfaisants pour l'ouvrier d'autrefois, donnait-elle de bons résultats au point de vue purement technique? Ici la réponse est hors de doute ; nous sommes tous d'accord. Les merveilles artistiques, si cu-

1. *Les Artisans d'autrefois*, p. 62.
2. *Comment on devenait patron*, p. 64, 65.

rieuses, si admirables, qui remplissent nos musées, nos palais nationaux, nos cathédrales, nos riches collections d'amateurs sont d'une beauté sans égale. Qui ne se rappelle l'effet saisissant produit chez tous les visiteurs, artistes, hommes du métier, ou simples curieux par notre dernière exposition rétrospective au Petit Palais. Devant cette accumulation de chefs-d'œuvre dans tous les genres, l'esprit reste confondu ; il ne sait ce qu'il doit le plus admirer, du fini, de la variété ou de la richesse artistique de ces pièces souvent uniques au monde et qui souvent furent disputées au poids de l'or.

Il faut le dire, c'est le grand nombre des ouvriers de ces époques qui produisait des œuvres marquées au coin du goût le plus délicat et de la plus parfaite connaissance du métier. Ces huchiers, ces coffriers, ces menuisiers, qui nous ont laissé des bahuts, des coffrets, des meubles tant admirés après des siècles, avaient été formés au sein des corporations. Ces curieux travaux de ferronnerie, qui révèlent avec une si grande expérience, une habileté consommée jointe à un sens artistique rare étaient l'œuvre de ces ouvriers, compagnons ou maîtres dont nous avons rapidement esquissé l'existence, dépeint le milieu professionnel. Nous ne parlerons pas des orfèvres, ciseleurs de talent à qui on doit les belles pièces d'orfèvrerie religieuses ou civiles dont nos musées sont encombrés. Que dire des sculpteurs, qui ont brodé ces dentelles de pierre ou de marbre, dont des vies humaines ne suffiraient pas à détailler les délicates beautés. Arrêtons-nous; ce problème artistique et professionnel est résolu, nous sommes tous d'accord sur ce sujet.

L'ouvrier libre.

Il faut, en terminant, signaler l'ouvrier vivant en dehors de la corporation; car il existait et il a laissé des traces de son passage. Mais, comme notre tâche est limitée, nous n'étudierons pas sa vie. Nous dirons simplement, ce qui aujourd'hui est prouvé, qu'il n'avait pas, à beaucoup près, la valeur de l'ouvrier du corps de métiers [1].

Conclusion.

Tirons de cet ensemble de faits une conclusion évidente : *L'association libre, purement professionnelle d'ouvriers et de patrons, en dehors de l'ingérence de l'État, organisée par métiers et régions, a donné pendant des siècles des résultats excellents.*

Nous manquerions au devoir de stricte impartialité que nous nous sommes tracé en faisant cette étude, si nous ne disions pas — ce qui d'ailleurs est un fait acquis — que l'organisation du travail dont nous venons de donner une idée, est due, pour une part à l'influence de l'Eglise et, pour l'autre, à l'initiative intelligente des patrons et des ouvriers au xiiie, au xive et au xve siècle.

1. *La Corporation des métiers*, p. 247.

II

LES OUVRIERS DEPUIS LA RÉVOLUTION

Nous venons de voir le rôle que les anciennes corporations de métiers ont joué sous l'ancien régime dans la vie de l'ouvrier. Le compagnon, ordinairement sans fortune et par le fait sans forces pour les rudes combats de l'existence, n'était alors ni un faible, ni un isolé, ni un déshérité. La corporation dont il était membre lui devenait comme une autre famille, dans laquelle il vivait avec les siens ; avec elle il se sentait fort, parce qu'il n'avait pas à résoudre seul le problème toujours si ardu de pourvoir à toutes les nécessités de la vie ; la corporation, sa grande famille ouvrière, l'y aidait puissamment.

L'association professionnelle était donc bonne pour l'ouvrier. Cependant, comme dans toutes les institutions humaines, avec le temps, des abus parfois nombreux s'y glissèrent, et le xviiie siècle vit sa décadence ; de telle sorte qu'au moment de la Révolution, elle avait beaucoup perdu de son caractère propre et de son organisation bienfaisante.

Ce qu'on en pensait en 1789.

Fallait-il les supprimer ou les réformer? Telle était la question qui se posait devant les États généraux de 1789.

Dans les cahiers de doléances de cette époque, les revendications ouvrières ne s'élèvent pas contre l'existence des corporations; elles demandent leur amélioration, un meilleur moyen de garantir les intérêts ouvriers méconnus par les maîtres[1]. Du côté des maîtres, l'accord est moins unanime, et quelques-uns, suivant en cela certains économistes, désiraient leur suppression complète.

Opinion des hommes du gouvernement.

Quelle était, sur cette question, l'opinion des hommes de la Révolution? Imbus de faux principes de gouvernement, parce que des abus parfois nombreux étaient nés des groupements, des associations corporatives, de toutes ces agglomérations organisées dont était formée l'ancienne France, ils conçurent à tort la haine de tout ce qui est association; et ils arrivèrent à les anéantir toutes. Par cette suppression, ils obtinrent ce double résultat : fortifier tout pouvoir tyrannique et favoriser tout pouvoir absolu ; ils préparèrent ainsi la tyrannie jacobine et la centralisation absolue achevée par Napoléon, dont tous nos organes sociaux

Leurs faux principes.

souffrent encore. En effet, dans l'institution de ces corps, de ces associations organisées, l'omnipotence de l'État trouve un obstacle ; leur enceinte est une protection contre le niveau de

1. *Les Artisans d'autrefois*, par Babeau (*passim*).

la monarchie absolue ou de la démocratie pure.
« Un homme peut s'y développer avec indépendance, sans endosser la livrée du courtisan ou
du démagogue. Tel aujourd'hui un professeur
à Oxford, à Gœttingue, à Harvard... Rien de
pis que la bureaucratie universelle, puisqu'elle
produit la servilité universelle et mécanique.
Il ne faut pas que les serviteurs du public
soient tous des commis du Gouvernement[1]... »

Ces rêveurs, ces sophistes, ces empiriques, *L'État omnipotent.*
« établissent en maxime que, dans l'État, il ne
faut aucun corps : rien que l'État dépositaire
de tous les pouvoirs publics, et une poussière
d'individus désagrégés : nulle société particulière, nul groupement partiel, nulle corporation collatérale[2] ». Et sur quoi fondent-ils leur
maxime; sur les abus des corporations? Non,
leurs raisons ne sont basées sur rien de positif,
sur rien qui dénote de la science expérimentale ;
elles sont nées dans leur cerveau. Écoutez
plutôt : « Dès qu'on entre dans une corporation, dit un de leurs orateurs, Dupont (de Ne-
mours), il faut l'aimer comme une famille. Or
l'État doit garder le monopole de toutes les
affections, de toutes les obéissances. D'ailleurs,
sitôt qu'on fait partie d'un ordre, on reçoit de
lui un appui distinct, et toute distinction est
contraire à l'égalité civile. C'est pourquoi, si
l'on veut que les hommes restent égaux et

1. *La Révolution*, par Taine, 12ᵉ éd., t. I, p. 255-256.
2. *Id.*, p. 253.

deviennent citoyens, il faut leur ôter tout centre de ralliement qui ferait concurrence à l'Etat et donnerait aux uns quelques avantages sur les autres [1]. »

Destruction radicale de tous. les groupements.

Ce faux principe, admis et proclamé dans la Constitution, tous les corps constitués, de quelque nature qu'ils fussent, ordres, corporations, jurandes, maîtrises, parlements, sociétés littéraires, académies scientifiques, furent supprimés [2]. « Grâce à lui, il n'y a plus en France que des individus dispersés, impuissants, éphémères ; en face d'eux, le corps unique et permanent qui a dévoré tous les autres, l'Etat, véritable colosse, seul debout au milieu de ces nains chétifs [3] ».

Conséquences fatales pour l'ouvrier de cette destruction.

Cet événement, dont les conséquences sont évidentes aujourd'hui, est resté trop longtemps inaperçu. Et cependant il a produit dans le monde du travail *la plus grande des perturbations sociales*. Des millions d'ouvriers, groupés autour d'institutions qui avaient fait leur sécurité, furent violemment dispersés et isolés ; désormais ils ne seront plus une force sociale, mais bien une poussière humaine, sans cohé-

---

1. *La Révolution*, par Taine, 12ᵉ éd., t. I, p. 26-4268.

2. Nous ferons cependant à cela une exception. Comme la Révolution fut faite par une bourgeoisie mécontente et vaniteuse, elle frappa surtout le peuple, l'ouvrier et la noblesse ; elle garda les corporations bourgeoises des notaires, des avocats, etc., etc.

3. *Histoire de la Révolution*, par Taine, 24ᵉ éd., t. I, p. 268.

sion et sans résistance, qui pourra être dispersée et broyée par cette puissante machine qui est le capital bourgeois. Car il ne faut pas s'y tromper, la Révolution a été essentiellement bourgeoise. « La Révolution, avons-nous dit justement, a eu cette conséquence que l'on cache, que l'on dissimule avec soin, de servir des intérêts de classe, de la classe bourgeoise, et d'opprimer davantage la classe la plus pauvre, la plus déshéritée ; et ce, non seulement en France, mais encore dans les autres pays qui avaient pris leurs exemples et leurs modèles chez nos révolutionnaires pour opprimer davantage ceux qui méritaient le plus de sollicitudes[1]. »

Aussi, « la Révolution française, il faut avoir le courage de le dire, avait placé les travailleurs français dans des conditions pires que celles dans lesquelles se trouvaient les travailleurs des autres nations. Elle avait, en brisant le compagnonnage et les corporations, mis les travailleurs, les prolétaires de notre pays, dans une condition sociale telle, qu'ils étaient non seulement dans l'impossibilité d'exercer des revendications légitimes, *mais même de s'associer pour les étudier ensemble et les présenter aux pouvoirs publics* ».

« Jusqu'en 1884, alors que le xıxᵉ siècle était peut-être le plus décisif des temps modernes, au

Consé-
quences au
xıxᵉ siècle.

----

1. *Le Socialisme et les Jaunes*, par Biétry, 3ᵉ éd., p. 308.

point de vue de la civilisation, les travailleurs français ont été obligés de vivre dispersés ; ils étaient à la merci des capitalistes, de toutes les tentatives gouvernementales ou politiques ; ils n'avaient ni le droit de s'associer, ni même celui de se réunir ; l'article de loi qui le leur interdisait (14-17 juin 1791) était plus insolent et plus violent que le langage même du tsar le plus autocrate ; et quand, à l'heure actuelle, on s'insurge aussi véhémentement qu'on le fait contre des événements qui se passent ailleurs, on oublie très volontiers que, jusqu'à ce jour presque, nous avons vécu sous un régime pire que celui pratiqué dans des pays où la République n'existait pas. »

« Je ne voudrais pas que l'on pût m'accuser d'employer ici des termes que ne justifient ni les faits, ni les lois auxquelles je me réfère. Je n'ai en l'espèce aucun parti pris et je parle sans passion d'une situation que la production d'un seul texte de loi suffira à montrer telle que je l'indique. Le texte que j'invoque à l'appui de mon argumentation est l'article 1ᵉʳ de la loi révolutionnaire des 14-17 juin 1791, qui, jusqu'en 1884, nous fut appliquée à nous, travailleurs français et nous interdit de la façon la plus formelle de nous associer, de nous coaliser en vue d'une action professionnelle commune. Voici comment était conçu cet article :

« L'anéantissement de toutes les espèces de corporations des citoyens de même état et profession, étant une des bases de la Constitution française, il est défendu de les rétablir de fait, sous quelque prétexte et quelque forme que ce soit. Les citoyens d'un même état ou profession, les entrepreneurs, ceux qui ont boutique ouverte, les ouvriers et compagnons d'un art quelconque, ne pourront, lorsqu'ils se trouveront ensemble, nommer ni président, ni secrétaire, ni syndic, prendre des arrêtés ou délibérations, former des règlements sur leurs prétendus intérêts communs[1].

M. Gaston Japy, le grand industriel franc-comtois, le patron si dévoué au mouvement Jaune, qui a étudié avec tant de compétence cette grave question des associations ouvrières, arrive aux mêmes conclusions. « Plus on étudie, dit-il, la Révolution française, plus on s'aperçoit qu'elle s'est faite au profit d'une certaine classe, la bourgeoisie, et d'un certain nombre d'agitateurs. Mais qu'y ont gagné, ce qui fait la force des villes, les ouvriers ? Rien. Ils ont été absolument dupés par elle... Les corporations elles-mêmes, en dépit des services incontestables qu'elles rendaient, ne trouvèrent pas grâce contre la proscription générale des associations ; au lieu de les modifier, de les perfectionner, d'en faire disparaître les abus qu'avait fait naître la nécessité de se défendre contre des

1. *Le Socialisme et les Jaunes.* Biétry, 3ᵉ éd., p. 304, 305, 306.

adversaires redoutables, on les détruisit radicalement. Cette destruction fut, à mon avis, une grosse faute; on nous a ainsi émiettés, nous Français; on a mis une poussière de peuple en face d'un gouvernement tout-puissant. Voilà pourquoi, depuis un siècle, nous allons flottant de la tyrannie à l'anarchie[1]. »

Situation faite à l'ouvrier par la Révolution.

Voyez-le donc aujourd'hui cet ouvrier que l'association avait élevé au rang des heureux, sans les graves soucis du lendemain. Aujourd'hui, on le dit *émancipé*, ô ironie des choses! et il va se trouver aux prises avec toutes les difficultés de la vie qu'il avait ignorées jusque-là.

S'agit-il de discuter son contrat de travail? ce contrat de travail que l'association ouvrière et patronale établissait pour lui autrefois, sagement et sans heurt, il ne le peut, s'il est sans ressources — ce qui est ordinairement son cas. Il est pris entre deux forces qui vont le broyer, la faim qui se fait sentir au foyer et la volonté de l'employeur dont il est obligé d'accepter la décision. S'il a des ressources, il le pourra plus facilement; mais avec leur épuisement, il verra disparaître sa force et ici encore il sera obligé de subir la loi du plus fort.

Il est encore une victime de l'ordre nouveau qui a changé la mentalité du patron d'autrefois pour lui en donner une nouvelle, très spéciale et très différente. En brisant tous les groupements,

1. *Le Socialisme et les Jaunes*. Biétry, 3ᵉ éd., p. 245.

en disséminant sur le sol français une multitude
d'individus sans aucun de ces liens sociaux qui
les forçaient à regarder l'intérêt commun comme
le leur propre, la Révolution a établi comme
base des relations sociales, un principe dont
nous recueillons les fruits : l'égoïsme, l'intérêt
personnel. Désormais cette poussière humaine,
désorganisée, désagrégée, n'ayant plus aucun
lien commun, va commencer à s'agiter. Mue
par l'unique intérêt personnel, sous prétexte de
liberté du travail, elle nous donnera ce dou-
loureux spectacle d'une société où le fort écrase
le faible, où l'affreux égoïsme n'aura plus pitié
du malheureux : ce sera l'apparition de l'être
nouveau, le patron *émancipé*, bourgeois, capitaliste puissant que l'argent élève à une situation privilégiée, où nouveau seigneur féodal il
régnera en maître absolu.

A cette douloureuse et permanente situation,
fille naturelle des nouveaux rapports de la société et du travail, viennent s'ajouter pour l'ouvrier des difficultés d'ordre familial qu'il ne
connaissait pas autrefois. Désormais qui donc
s'occupera de sa famille, de son avenir, de ses
enfants, de leur apprentissage? S'il est malade,
s'il est sans ressources, qui le soignera, qui
prendra soin des siens? S'il chôme qui leur
donnera du pain? Questions angoissantes... les
difficultés l'assaillent de toute part et finissent
par le terrasser. En échange de tout ce qu'il a
perdu avec sa corporation dont la réforme était

facile, on lui a dit qu'il était émancipé et, pour le confirmer dans cette illusion, on lui a donné le droit de vote dans les questions politiques, car il en jouissait dans toutes les questions municipales et professionnelles.

Sur les ruines de toutes les associations si utiles, détruites par la Révolution, et devant les besoins urgents de la classe ouvrière, des œuvres nouvelles, inspirées par la sollicitude de l'Etat et par la charité chrétienne, surgirent du sol français comme par enchantement : hôpitaux, orphelinats, bureaux de bienfaisance, sociétés de secours mutuels, asiles de vieillards, etc. Sans doute ces institutions bienfaisantes sont venues panser ses plaies et adoucir ses souffrances, mais la cause de ce mal demeure, l'isolement ; l'ouvrier a besoin de reconstituer son ancienne famille l'*association* [1].

1. Et encore à cette heure ne travaille-t-on pas à la suppression de toutes les institutions de bienfaisance libre, sous prétexte qu'elles sont religieuses. L'ouvrier réfléchi et attentif voit là une nouvelle atteinte à sa liberté et à son indépendance. On veut l'asservir davantage en ne lui laissant que les institutions de bienfaisance administratives. Avec nos dissensions politiques, avec les haines qui divisent nos populations, c'est certainement aggraver sa situation. Pour obtenir le moindre secours il verra, si ce n'est déjà fait, sa vie privée soumise à toutes les vexations d'une enquête partiale et injuste... On s'informe de ses opinions politiques et religieuses, de l'école où il fait élever ses enfants, du mari qu'il a donné à ses filles, du patron qui l'emploie, du milieu qu'il fréquente... et, tandis que nos blocards millionnaires iront se faire soigner chez les Frères de Saint-Jean de Dieu, à lui qui n'est que du *populo*, l'Administration fera un crime d'avoir reçu un bon pour remède des mains d'une Sœur de Charité...

Tel est le sort de l'ouvrier depuis la fameuse loi de 1791 qui lui a enlevé le droit de s'associer. Quand il a voté, sa souveraineté est réduite à rien. Quand il veut se mouvoir, sa liberté se heurte à des chaînes qui l'entravent. Quand il veut regarder le lendemain, il voit toutes les incertitudes de sa vie. Il se sent trop seul, trop abandonné, et fatalement, sous de mauvaises influences, il deviendra un révolté.

L'ouvrier devient un révolté.

III

LA LOI DE 1884 ET LES SYNDICATS

Le chapitre que nous venons de clore sur la triste situation faite par la Révolution à l'ouvrier français, donne plus de relief à celle qu'il occupait avant 1789, et montre d'une façon évidente la nécessité des associations, qui sont de droit naturel.

La loi d'association est une loi naturelle. D'ailleurs toute loi qui a sa racine dans les profondeurs de la nature humaine, peut bien être méconnue pendant quelque temps ; mais les malaises qui résultent de cette méconnaissance, sont tels, qu'à un moment donné, ils brisent les obstacles qui s'opposent à son fonctionnement normal ; et, de gré ou de force, il faut qu'elle reprenne son cours nécessaire, sous peine de voir naître les plus graves maladies.

Ce que nous disons pour les lois qui régissent le corps humain, s'applique exactement au corps social. La loi de l'association, la loi du groupement est, de sa nature, essentielle au fonctionnement normal de toute société qui ne veut pas mourir dans la révolte et l'anarchie.

Voilà pourquoi sa suppression arbitraire par la Révolution en 1791 a amené peu à peu dans notre Société française entre le capital et le travail, de graves complications qui les ont poussés l'un et l'autre vers l'anarchie ; et l'anarchie des organes producteurs de la vie sociale a amené les révoltes ouvrières ; car dans une Société organisée, l'ouvrier comme le patron, a les mêmes droits à la sécurité du lendemain.

Aussi, sous la poussée irrésistible de ce besoin de s'associer, nos législateurs se décidèrent, le 21 mars 1884, à briser la fatale loi de 1791, et accordèrent aux ouvriers et aux patrons le droit de former des groupements professionnels sous le nom de syndicats. Les syndicats ont pour but du côté ouvrier, l'amélioration du salaire, la discussion plus équitable du contrat de travail, la création de mutualités, de caisses de secours, de chômage, etc. ; du côté patron, la protection et le développement des industries nourricières du patron et de l'ouvrier. Ce programme est beau. Mais l'Etat moderne a toujours besoin, en France, de nous traiter en mineurs et de se mêler de nos affaires : aussi a-t-il mis les syndicats en tutelle en leur enlevant le droit de posséder librement. Malgré ce grave inconvénient les associations ouvrières prirent une extension considérable, presque dès le début.

En 1884, il y avait 68 syndicats ouvriers ;
En 1890, il y en avait 1.006 ;

En 1900, on trouve 3.287 déclarations officielles ;

En 1903, leur nombre s'élève à plus de 4.000 ; dont 500 unions ou fédérations ; le tout comprenant plus de 700.000 adhérents[1].

Il ne faut pas s'étonner si, dès le début, sous cette poussée ouvrière vers la liberté, des mouvements tumultueux se soient fait sentir, allant même jusqu'aux désordres graves. Ailleurs, nous en avons expliqué judicieusement les causes : « Les ouvriers n'en sont pas entièrement responsables : ils ne le sont pas en ce sens que, de même que les peuples enfants longtemps tenus en servage vont partout criant qu'ils sont libres, dès qu'ils s'éveillent à la liberté, les ouvriers français, dès qu'ils ont eu entre les mains l'arme qui constitue pour eux les syndicats professionnels, se sont livrés à des manifestations bruyantes ».

Ces associations ouvrières peu à peu s'assagiront, disait-on, en se débarrassant de l'alliage qui les souille et fonctionneront normalement pour le bien de tous, et on ajoutait : voyez ce qui se passe à l'étranger, où les dogmes sacrés de la Révolution ne sont pas passés à l'état de fétiches populaires. Là les syndicats nombreux et riches, uniquement occupés à résoudre les questions professionnelles, sont les éléments de la prospérité générale et du bonheur des ou-

---

1. *Le Socialisme et les Jaunes*, p. 59, 60.

vriers, à qui ils ont enlevé les incertitudes du lendemain par des caisses de secours et de prévoyance sagement administrées.

« En effet, la minuscule Belgique, malgré l'anarchie relative importée dans son prolétariat et ses mœurs politiques par une minorité de socialistes agissants, comme M. Vandervelde, reste un pays débordant de vie et de prospérité, jouissant d'un commerce et d'une production pléthoriques ».

« Les agitations politiques dernières, ayant pour but la conquête du suffrage universel, durent cesser, ÉTRANGLÉES PAR LES SOCIALISTES qui craignaient de désorganiser les puissants syndicats ouvriers et les admirables coopératives de consommation sur lesquels ils s'appuient encore; or ce sont ces éléments qui entretiennent dans le prolétariat belge une *harmonie nationale absolue*, et mieux, une telle pratique de solidarité effective, que l'on peut dire des travailleurs belges organisés : QU'ILS ONT UNE SEULE CONSCIENCE[1]. »

« Voyez maintenant l'Angleterre avec ses *Trades-Unions*. Jamais on n'enregistre là ces conflits subits, imprévus, ruineux pour les deux parties qui se répètent en France chaque jour. Les Trades-Unions assistent, par leurs délégués, aux congrès des patrons et des capitalistes, étudiant les lois de la concurrence universelle, et

Les associations à l'étranger. Belgique.

Angleterre.

1. *Le Jaune*, 16 avril 1904.

recherchant d'un commun accord les moyens de lutter efficacement. L'histoire ne fournit aucun exemple plus saillant et plus beau que celui de ce peuple, qui fait corps avec ses lords, ses rois, ses institutions, et qui lutte sur le terrain économique, sans autre préoccupation que la richesse des industries nationales. »

« Or il y a en Angleterre actuellement 1 ouvrier syndiqué *par quatre travailleurs*, alors qu'en France il y en a 1 par 20. »

« En Allemagne les syndicats de la *Démocratie socialiste*, les associations *Hirsch-Dunker* que nous baptiserions en France *progressistes*, les syndicats chrétiens et les Indépendants forment l'élément du travail, divisé sur des questions confessionnelles ou sociales, mais cohérent dans toutes les questions économiques et nationales. »

« Ils sont *avant tout des syndicats allemands*, plaçant *avant toutes choses l'amour de la patrie*, le dévouement à l'Allemagne, à la plus grande Allemagne. »

« Et de même que, dans l'intérêt *allemand*, les socialistes allemands combattent la grève comme moyen, les patrons allemands, dans l'intérêt de l'Allemagne inséparable de leurs propres intérêts, ont cessé toute opposition aux syndicats ouvriers *inspirés de sentiments purement professionnels*[1]. »

1. *Le Jaune.* 16 avril 1904.

« Nous avons gardé pour la fin l'exemple de l'Amérique. Après les *Chevaliers du Travail*, à qui il faut rendre cette justice qu'ils luttèrent tant qu'ils purent pour éloigner d'eux la *politique* et surtout le *socialisme* révolutionnaire, la *Fédération ouvrière* nous paraît engagée dans les mêmes errements prémédités et néfastes que nos syndicats rouges. »

« Néanmoins, malgré les tares des syndicats américains *actuels*, il serait présomptueux de nier la part immense qui leur revient dans la prodigieuse activité industrielle de ce pays[1]. »

Voilà donc ce que produisent les syndicats à l'étranger, ils maintiennent l'harmonie entre les forces productives de la richesse nationale, ils améliorent le sort de l'ouvrier et aident au développement de toutes leurs industries. Aussi a-t-on fait cette constatation : « Tous les peuples qui grandissent et qui s'imposent aux autres par une forte pénétration économique, industrielle et commerciale, sont ceux dont les prolétaires sont fortement organisés. »

De là une conclusion nécessaire :

Dans l'intérêt de la nation, pour la grandeur et la richesse de la France, il faut organiser économiquement notre peuple de France. L'individu, la famille, la province et la patrie ont leur source et leur point d'appui dans l'association.

-----

1. *Le Socialisme et les Jaunes*, p. 183.

Le commerce, l'industrie, la concurrence ont leur point d'appui dans les syndicats ouvriers, forts et intelligemment dirigés.

Malheureusement, en France, aux tares que portait en naissant, du fait de l'Etat son père, la loi de 1884, s'en est ajoutée une autre, celle-là mortelle, si on ne l'enlève pas radicalement : *la politique.*

« Pendant près de huit années, de 1884 à 1892, le recrutement du syndicalisme fut exclusivement professionnel ; il ne se fit que très lentement ; mais les groupes ainsi formés méritaient certainement plus de bienveillance qu'ils n'en rencontrèrent. »

« Le patronat, avec l'incompréhension absolue qui a jusqu'à maintenant caractérisé son attitude, combattait avec violence et passion les syndicats. Dans les usines, dans les fabriques, dans les mines, dans toutes les industries, partout où les ouvriers essayèrent de se syndiquer, les patrons leur faisaient une guerre impitoyable, particulièrement féroce ; on renvoyait les présidents, les secrétaires, les différents employés des syndicats, on les chassait, on inscrivait sur leur livret des signes qui leur fermaient la porte de tous les autres ateliers, où ils auraient pu trouver à se faire embaucher. On en faisait des parias, des révoltés, bien vite ils devinrent des grévistes[1].

---

1. *Le Socialisme et les Jaunes*, p. 310.

« A ce moment le syndicalisme n'était pas socialiste : je dis plus, le socialisme n'était pas encore syndicaliste ; les socialistes n'avaient pas encore vu tout le parti qu'ils pourraient tirer des syndicats ; ils étaient nettement antisyndicalistes ; les guédistes, les blanquistes formaient des clubs, des comités politiques, des comités révolutionnaires ; ils conspiraient, tout comme les carbonari italiens, mais ils étaient hostiles à l'organisation syndicale[1]. » Cet état d'esprit était d'ailleurs commun aux chefs du socialisme à l'étranger.

Les premières grèves fomentées et dirigées par les syndicats, mais qui n'eurent pour cause que des raisons professionnelles, attirèrent l'attention des politiciens. « Quand ce mouvement se produisit, il y avait déjà plusieurs années que les théoriciens du socialisme, cherchaient par quel procédé ils pourraient gagner la confiance du peuple, par quels moyens il pourraient créer une agitation populaire favorable à leurs principes, permettant la diffusion de leurs idées et donnant de l'autorité à leur parti. Ils constatèrent, avec une habileté que les autres partis doivent aujourd'hui déplorer de n'avoir pas eue, cette haine grandissante dans les milieux ouvriers contre le patronat, et, avec une stratégie parfaite, ils décidèrent de l'utiliser. »

« C'est de cette époque que date l'interven-

tion des socialistes dans les conflits ouvriers.
C'est à cette époque que vous voyez Jaurès, ancien centre gauche et modéré, prendre la tête des colonnes de grévistes, monter sur les tables de café pour haranguer la foule et donner le diapason à des masses hurlantes qui chantaient la *Carmagnole*. C'est à ce moment que vous voyez les intellectuels du socialisme, ces gens qui avaient été élevés sur les bancs de l'Université, dont certains même avaient fait leurs études dans des collèges ecclésiastiques, ces gens d'éducation parfaite et d'instruction soignée, planter, comme on dit, le décor, mettre des habits râpés, un chapeau bossué, cesser de se laver les mains pour paraître plus peuple, commander les manifestations, régler les cris et diriger les coups. »

« Le socialisme, parti politique et parti démagogique, s'était emparé des révoltés de la classe ouvrière, les avait canalisés et allait désormais les diriger. Cette intervention fut conduite avec une ténacité, une intelligence et une discipline auxquelles il convient de rendre hommage[1]. »

« Et comme tous les partis paraissaient, sinon hostiles au syndicalisme, du moins affecter de s'en désintéresser, les masses ouvrières en dégagèrent cette conclusion :

« Les socialistes sont les seuls défenseurs des travailleurs[2]. »

1. *Le Socialisme et les Jaunes*, p. 310-311.
2. *Id.*, p. 57.

Entre les mains des chefs socialistes, les groupements ouvriers ont cessé de devenir des syndicats professionnels : ils sont devenus des syndicats révolutionnaires. Au lieu d'étudier les questions professionnelles des métiers, ils ont cultivé la révolte ; leurs revendications, incohérentes et d'ordre général, visent souvent des objets absolument étrangers aux protestations de la masse ouvrière et à ses besoins.

Les syndicats détournés de leur but professionnel sont lancés dans la politique.

« Le mystérieux esprit qui anime les groupements de travailleurs et inspire leurs manifestations prend ses forces, les renouvelle, dans une étrange métaphysique active, dite humanitaire, qui n'est faite en réalité que de négations, de révoltes, de désespérances humaines et de *faux espoir* d'une prompte jouissance matérielle.

« Pour conduire le prolétaire à la bataille électorale, on lui fait un merveilleux tableau de l'avenir.

« Oublie le présent, lutte et meurs, telle est la théorie, telle est la pratique.

« Le résultat visé par les chefs est donc obtenu. Aussi tous les élus socialistes, sans aucune exception, depuis les illettrés comme *Coutant, Basly, Lamendin, Lassalle, Poulain, Bénézech*, etc., jusqu'aux intellectuels, comme Jaurès, Millerand, Rouanet, etc., viennent au Parlement PORTÉS PAR LES SYNDICATS OUVRIERS[1]. »

Ils portent les chefs socialistes au Parlement.

C'est maintenant un fait acquis, les syndicats

1. *Le Socialisme et les Jaunes*, p. 56-57.

ouvriers ont été détournés par les socialistes de leur but professionnel vers un but politique pour aider leurs chefs à la conquête du pouvoir.

Sous cette direction anarchique les syndicats, devenus révolutionnaires, imposent leur tyrannie aux ouvriers syndiqués, avec leurs idées internationalistes, communistes, antimilitaristes, pendant que s'élabore dans la cervelle des chefs un collectivisme militaire. Les syndiqués doivent désormais marcher au doigt et à l'œil, ils n'ont plus le droit de penser, leur seul droit est d'obéir.

« Il fallut la *révolte d'ouvriers qui désiraient ne point cesser le travail, tout en poursuivant leurs revendications légitimes*, pour déterminer un mouvement de sagesse, qui est aujourd'hui appelé à rendre de si précieux services aux travailleurs et au pays, parce qu'il veut éloigner toute politique de son sein, rester uniquement professionnel et par cela même être utile et réformateur. »

De là est né un groupement nouveau d'ouvriers, organisés en syndicats, mais avec des idées et des tendances diamétralement opposées aux premiers. Ceux-ci reçurent le nom de syndicats rouges, tandis que les seconds prirent le nom de syndicats jaunes. A cette heure, ce sont deux forces rivales et ennemies, qui veulent se partager le monde du travail. Nous allons les étudier chacune dans leur organisation, leur doctrine et leurs résultats pour en dégager une conclusion pratique.

IV

LES CHEFS ROUGES ET JAUNES

Avant d'étudier les syndicats jaune et rouge, Les rouges.
leurs idées, leur programme, passons rapidement en revue les chefs des deux groupements
ouvriers.

« Vaillant est un vieillard presque blanc, de Vaillant.
taille moyenne, vêtu correctement, comme un
professeur cossu. Il porte des lunettes sur un
nez émérillonné, sur un nez d'ivrogne, et c'est
une injustice de la nature. C'est peut-être pour
cela que Vaillant est un révolté, car il est sobre,
buveur d'eau ; quoique très riche, il vit personnellement comme un ascète.

« Il ne manque pas une séance de la Chambre,
monte fréquemment à la tribune, où, grâce à la
monotonie de son langage qui fait rapidement
le vide dans la salle des séances, il se livre à
des hardiesses de langage que ses collègues
lisent le lendemain, non sans ahurissement, dans
le *Journal Officiel*[1]. »

1. *Le Socialisme et les Jaunes*, p. 32-33.

Il a pour disciple J.-L. Breton, député du Cher.

Allemane : « Brun, maigre, paraît avoir une soixantaine d'années, affecte des allures *populo*. Le ton est dur ; les yeux arrogants. Sa longue moustache tombe comme celle des anciens Gaulois. »

« Allemane affecte de l'érudition ; il n'en a point. Très ombrageux, jaloux des autres chefs de groupes, ambitieux, il passe sa vie à se brouiller avec ses adeptes. Rien de cet homme ne restera[1]. »

« Jules Guesde, fut le véritable vulgarisateur du marxisme en France. Aucun tâtonnement chez le député du Nord et pour cause. Celui que tant de gens prennent pour un prophète, ne se donna jamais la peine de penser par lui-même. Professeur, il piocha *le Capital* de *Karl Max*, étudia les manifestes du juif allemand, s'identifia avec le Maître, avec ses doctrines, ses utopies, et il les *professa* avec un acharnement têtu. Voilà *Guesde* et le *guesdisme*.

Ses théories devinrent peu à peu le catéchisme du pur socialisme collectiviste et internationaliste[2].

Benoit Malon, qui fut le directeur de la *Revue Socialiste*, et l'un des promoteurs du mouvement socialiste, interpréta le marxisme, auquel

1. *Le Socialisme et les Jaunes*, p. 36.
2. *Id.*, p. 37.

il apporta d'ailleurs de nombreuses modifications. Il ne voit le salut du prolétariat que dans la *socialisation*, c'est-à-dire *l'expropriation générale* [1].

« Avec Jaurès, Millerand, Viviani, tous les trois admirablement dépourvus de scrupules politiques et armés d'éloquence pour les foules, le socialisme épuré, idéalisé, mis à la portée des intellectuels par l'élégance de la forme, et des prolétaires par des promesses illusoires, fit des progrès énormes. En chemin, les professeurs Guesde, Jaurès, les avocats Millerand, Viviani, Sembat, Briand, les médecins comme Vaillant qui se présentaient aux travailleurs comme des *prolétaires types*, avaient appris à connaître les syndicats ouvriers. D'abord hostiles au syndicalisme, tous les manitous de la sociale vinrent bientôt dans les organisations ouvrières, en firent le véhicule de leurs intérêts électoraux, de leurs passions révolutionnaires, puis peu à peu corrompirent les militants et les syndicats eux-mêmes par les subventions officielles ou officieuses, les locaux gratuits, l'appât des mandats électifs rétribués, la flatterie exagérée de tous les appétits, l'exaspération des sentiments les plus bas [2].

Briand est le rapporteur de la *séparation de l'Église et de l'État*. Cet aimable député, dont

Jaurès, Millerand, Viviani.

Briand.

1. *Le Socialisme et les Jaunes*, p. 37-39.
2. *Id.*, p. 47-48.

ses collègues de droite ne savaient trop vanter la « courtoisie », la « modération », « l'esprit conciliant » est proprement l'inventeur de la *grève générale*, ce dont le railla d'ailleurs très fort Jules Guesde[1].

Les unifiés. A l'heure actuelle, le Congrès national de 1905 a réalisé l'unité entre les différentes fractions du socialisme français. Guesde, Vaillant, Jaurès, Allemane et Hervé sont unis sous le même étendard. Si l'on songe à la diversité de programmes, de tendances, de doctrines de tous ces hommes qui prétendent servir le même Idéal, l'on ne peut s'empêcher de hausser les épaules et de dire qu'il n'y a que pour tenter de mauvais coups qu'une pareille réunion d'hommes, hostiles les uns aux autres, et marchant à des buts différents peut-être momentanément possible[2].

Jaurès. « Jaurès est un gros homme court, ventru, avec, sur des épaules épaisses, une tête saturnienne. Visage sanguin, barbe drue, grisonnante, yeux gris clair et droits, mais qui donnent au premier contact l'impression qu'ils « louchent ».

« A la tribune, Jaurès est méprisant ou furibond, quelquefois tous les deux en même temps ; il place sur sa poitrine son bras gauche replié et de son bras droit terminé court par le poing

1. *Le Socialisme et les Jaunes*, p. 51.
2. *Id.*, p. 53.

fermé, il trace des gestes brusques, comme s'il frappait devant lui ; sa phrase est imagée, littéraire ; le débit est véhément. »

« Jaurès a lu tous les doctrinaires du socialisme ; il se réclame tantôt de l'un, tantôt de l'autre, selon que sa politique du jour est révolutionnaire, réformiste, anarchiste ou simplement opportuniste. Il ne produit, lui, que des anathèmes vengeurs ou des apostrophes sentimentales : il n'a pas de doctrine.

« Ancien professeur, il *enseigne* toujours et impérieusement. Avec un grand mépris de la logique, il exhorte les travailleurs à la *révolte*, à l'*anticléricalisme* et à l'*ascétisme ;* mais il n'a, lui, jamais commis le moindre délit ; il fit baptiser sa fille à l'eau du Jourdain et assista pieusement à sa première communion. Il aime la bonne chère, le luxe, le théâtre, l'argent et les honneurs. A prêcher l'expropriation, il s'est fait une jolie fortune.

« Quoique tonnant contre le militarisme et le favoritisme, Jaurès a aussi obtenu pour son frère de nombreuses décorations et des tours de faveur : le dit frère est maintenant vice-amiral [1]. »

Voilà les chefs des syndicats rouges. Socialistes hier sans soldats, ils se sont mis à la tête des ouvriers mécontents, ils les ont lancés dans la politique, de là dans le collectivisme : leur

---

1. *Le Socialisme et les Jaunes,* p. 53-54.

armée révolutionnaire se prépare. Le Congrès de 1905 leur a donné une doctrine qui se maintient dans la lutte des classes, et se désagrège dans les douceurs de la paix : telle une émulsion qu'il faut agiter fortement avant de s'en servir.

Les Jeunes.　Les chefs des syndicats jaunes sont moins nombreux. Leur passé, plus occupé au travail fécond de la pensée et de l'outil qu'aux spéculations creuses et vides de la tribune ou des clubs, leur a donné moins de relief. Travailleurs, penseurs, ils sont sortis du domaine de la spéculation où se tiennent les Rouges ; ils sont déjà dans celui des réalités vivantes ; ils ne se sont pas contentés de dire : « Nous ferons », ils ont déjà fait ce qu'ils avaient promis et leurs résultats sont très beaux. Parmi les intéressantes physionomies de ces dirigeants, j'en prendrai quelques-unes pour les présenter au lecteur, celles de deux patrons : MM. Gaston Japy, Laroche-Joubert ; celles encore des ouvriers Wayss, Czulowski, Verleye, Seineville ; celles des industriels Toutain, de Bellaigue, les Paul Harel, Alfred Poizat, M. de Guigné, etc.

Les chefs des Rouges sont des avocats, des professeurs, c'est-à-dire des théoriciens, des rêveurs. Les chefs des Jaunes sont des ouvriers et des patrons, c'est-à-dire des hommes du métier. Déjà, pour tout homme impartial, cette différence d'origine des chefs est plus qu'une révélation.

M. Gaston Japy, ancien élève de l'Ecole Polytechnique est à la tête d'une des plus grandes
industries de France ; il a sous ses ordres
8.000 ouvriers. Nature droite, loyale, franche,
entière, il est resté d'abord réfractaire aux idées
des Jaunes ; mais avec sa grande intelligence
il en a eu vite compris toute la vérité et toute
l'harmonie pour la solution de la grave question de l'entente entre le capital et le travail.
Autant il était l'adversaire né des utopies socialistes et des mouvements révolutionnaires
qui sont leur œuvre, autant il devint l'ami, le
défenseur des Jaunes, l'ardent propagateur de
leurs idées.

« Nous fûmes l'un à l'autre de violents ennemis. Simple ouvrier, sous l'influence d'idées
généreuses mais faussées par une doctrine
pernicieuse, je vous ai, autrefois, attaqué furieu-
sement. Notre rencontre dans une période agi-
tée prit une tournure tragique, j'en sortis
cependant troublé. Ce n'est pas vous offenser
de dire que, de votre côté, vous fûtes un patron
à idées préconçues contre la classe ouvrière et
les organisations syndicales. La franchise avec
laquelle vous êtes venu ensuite à moitié du
chemin rend joyeuse cette évocation.

« S'il existe aujourd'hui un mouvement
jaune, avec une doctrine sociale pure, c'est à
vous en partie qu'on le devra. Le jour où, ins-
truit par l'expérience et l'étude, je répudiai,
sans crainte de me tromper, des errements

funestes, vous vîntes sans arrière-pensée à ma rencontre [1]. »

M. Laroche-Joubert.

M. Laroche-Joubert, le grand fabricant de papier d'Angoulême, est avant tout l'homme pondéré, ami de la sagesse et de la réflexion. Il n'a rien reçu de ces idées dont la Révolution a fait la mentalité du patron moderne ; il a toujours compris le rôle bienfaisant de l'harmonie entre le capital et le travail. De bonne heure, il y a de longues années, il avait créé sa Société coopérative de papeterie, où les ouvriers étaient appelés à participer au capital et aux bénéfices de l'entreprise que son père avait fondée. Aussi a-t-il été de suite conquis à la cause des Jaunes, dont il est devenu le conseiller toujours écouté et toujours aimé. Dans les Congrès jaunes, où sa parole fait autorité, il parle simplement et sagement, raison et bon sens ; il est l'homme aimable et conciliant qui, tout en étant très ferme sur les principes, apporte dans les rapports cette urbanité de bon aloi qui gagne d'abord les cœurs et amène rapidement la conviction qui fait les convertis.

Ecoutez-le parler au Congrès des Jaunes en 1904 :

« Le patronat a commis bien des fautes, nous devons loyalement le reconnaître, durant ces cinquante dernières années ; il a méconnu maints devoirs lui incombant. Cependant il ne

1. *Le Socialisme et les Jaunes*, Préface à M. Gaston Japy.

mérite pas tous les reproches qu'on lui adresse...
Allez à eux, à ces patrons. S'ils viennent à
vous, écoutez-les. Discutez tranquillement et
sans violence, sans impatience et sans méfiance,
les propositions qu'ils pourront vous faire.

« De même, j'adjure les patrons d'entendre
les vôtres dans le même esprit. Alors la pacification des esprits pourra être entrevue ; alors
les exemples que quelques-uns auront pu donner — et laissez-moi vous remercier d'avoir
voulu souligner celui qui s'est passé dans ma
maison — se répandront de plus en plus. Le
capital et le travail s'uniront ; leurs efforts
communs augmenteront la prospérité de leur
exploitation et la force des richesses produites.
Les travailleurs ayant accumulé les petites économies que le travail leur aura procurées,
deviendront les propriétaires de ces usines, de
ces champs, de ces maisons de commerce dont
ils sont en ce moment les serviteurs ; et notre
chère France — comme le disait Biétry dans
ces paroles enflammées qui nous soulevaient
tous d'une admiration dont je veux être
encore une fois l'interprète — et notre chère
France, avec la tranquillité intérieure, recou-
vrera sa grandeur, sa force et sa place dans le
monde [1]... »

Tel est, dans sa simplicité noble, ce patron
modèle qui a résolu si parfaitement chez lui le
problème de l'entente harmonieuse du capital
et du travail.

En parcourant cette galerie très incomplète de portraits rapidement dessinés, il est facile au lecteur de saisir quels sont les vrais amis de l'ouvrier et quels sont ceux, au contraire, qui exploitent sa bonne foi...

1. *Le Socialisme et les Jaunes*, p. 270-271.

V

LES SYNDICATS ROUGES

LEUR ORGANISATION. — LEUR DOCTRINE
LEURS ERREURS

I. — ORGANISATION DES SYNDICATS ROUGES

L'organisation du mouvement ouvrier, dit socialiste, est simple. A sa base, des groupements d'après les corps de métiers formant chacun un syndicat. La réunion des syndicats s'appelle une Union. Toutes les Unions sont la Fédération... A côté de ces groupements s'est placée une institution merveilleuse, institution géniale, qui a été et qui est la vache à lait des syndicats rouges : les *Bourses de Travail*.

Tout syndicat doit recevoir des cotisations de ses adhérents, cotisations minimes, sans doute, mais qui, réunies, forment des sommes importantes, destinées en principe à subvenir aux besoins des ouvriers syndiqués : assistance pour le cas de maladie, de chômage, d'invalidité, etc., néçessités pressantes, mort, etc. ; c'est d'ailleurs ce qui se passe en Allemagne, en Angleterre, nous le verrons plus loin.

Les subventions. Comme les chefs socialistes ont, par leur intervention néfaste, dévoyé le syndicalisme et dégoûté la classe ouvrière de l'organisation purement professionnelle en la faisant servir presque uniquement à appuyer leurs revendications politiques, *les cotisations se sont raréfiées.* D'autre part, pour les besoins de la politique socialiste, il fallait *embrigader, domestiquer* la classe ouvrière. Les politiciens imaginèrent alors de demander des subventions officielles pour leurs syndicats. Les syndicats rouges acceptèrent l'argent ainsi offert ; il n'est pas d'exemple d'une pareille aberration dans aucun groupement de travailleurs organisés.

Les bourses de travail. Avec les fonds des contribuables s'élevèrent alors, sur tous les points de la France, les *Bourses du Travail.* Ces Bourses, autour desquelles vinrent se grouper les syndicats rouges, subventionnées par les municipalités, les départements et l'Etat, achevèrent, dans le sens de la corruption et du fonctionnarisme, ce que le socialisme avait si bien commencé au détriment des organisations ouvrières purement professionnelles.

« Depuis cette époque, les meneurs « rouges » sont à la solde des politiciens locaux qui distribuent la manne ; et comme leur pain est assuré, comme la sinécure rapporte honneurs et profits, les meneurs ainsi embusqués dans les

Bourses *en éloignent les vrais travailleurs, disloquent les vraies organisations, acceptent des adhérents qui ne remplissent aucun de leurs devoirs, mais sur lesquels ils règnent, au milieu desquels ils sont inamovibles.* »

Voilà les bandes révolutionnaires subventionnées, prêtes à fomenter tous les désordres ! « En tête, de prétendus syndicats ouvriers : en réalité les stipendiés des communes. En queue, tous les rebuts de la classe ouvrière. »

« Aujourd'hui, nous avons en France 114 Bourses du travail officielles. Elles ont coûté *quatre millions trois cent quatre-vingt-deux mille francs* aux diverses municipalités. Ceux qu'on appelle les militants se partagent annuellement des subventions en espèces sonnantes qui viennent ainsi s'additionner : **Chiffres des subventions.**

Municipalités	496.000
Départements	37.950
État (Fédération des Bourses)	10.000 [1]
État (Allocations spéciales à la Bourse du travail de Paris) [2]	450.000
TOTAL	993.950

« Grâce à la complicité des uns, à la faiblesse des autres, profitant du silence de tous, les chefs des syndicats rouges se sont insinués — **A quoi servent les subventions.**

1. Ce chiffre a été donné par M. Prevet, sénateur, dans l'interpellation qu'il fit au Sénat en 1905.
2. En 1905 et 1906, cette somme n'a pas été ordonnancée.

tel le rat légendaire au centre du fromage —
dans de somptueux bâtiments payés par nous. »
Les 10.000 francs accordés à la Fédération des
Bourses, depuis le ministère Millerand, sont
d'un intérêt peu banal : les membres qui com-
posent le bureau sont en même temps membres
du *Comité de la grève générale*; de sorte que le
Gouvernement se trouve être le pourvoyeur de
ce comité : et c'est avec l'argent du Gouvernement que l'on publie les *Traités de Sabotage et
Boycottage* et le *Manuel du Soldat!*

Nombre des yndiqués.

Le nombre des syndiqués rouges est difficile
à savoir exactement. Leur comptabilité porte le
chiffre de 377.000; mais il serait très inférieur
si on n'inscrivait que les membres régulièrement affiliés, ou payant régulièrement leur
cotisation. D'ailleurs, pour toucher de plus fortes
indemnités municipales, il est bon de grossir
le nombre des adhérents, et la chose est facile.

« Faisons une remarque : Les syndicats rouges,
en se lançant dans la politique, en sollicitant
et en acceptant le *principe* des subventions, ont
paralysé, détruit, annihilé la véritable organisation professionnelle et, par conséquent, retardé
« l'émancipation » ouvrière. »

Errements des syndicats rouges.

En effet, pourquoi les syndicats, pourquoi les
groupements ouvriers? Est-ce pour faire arriver
à la députation X ou Y? Est-ce pour obtenir la
séparation de l'Église et de l'État? etc., etc. Est-
ce que le syndicat ouvrier a été fondé, est-ce
que la liberté de nous grouper a été donnée, pour

colporter les boniments d'avocats, de politiciens en mal de Parlement, et leur faire de nos épaules d'ouvriers un pavois sur lequel ils monteront pour de là grimper au Palais-Bourbon ? C'est réduire la belle liberté d'association ouvrière au rôle de pourvoyeuse de la Chambre des députés. La liberté nous a été donnée pour améliorer notre sort, non en faisant de la politique, mais en nous occupant nous-mêmes des questions professionnelles.

Pour nous convaincre de cette vérité, voyons ce qui se passe en Allemagne, en Angleterre. Là les syndicats, professionnels et *non politiques*, thésaurisent, capitalisent, s'administrent avec solidarité, créent des œuvres, des coopératives, des caisses de secours en cas de maladie, de chômage, etc. Avec cela, ils s'entr'aident, ils améliorent le sort des adhérents ouvriers. D'ailleurs, méditez le tableau ci-dessous :

De 1891 à 1901, les syndicats socialistes allemands, *non collectivistes*, ont dépensé utilement avec les cotisations ouvrières :

Comparaison avec les syndicats socialistes allemands.

Défense des ouvriers devant les tribunaux	366.680	marks
Assistance de militants frappés.	793.956	—
Viaticum	3.772.600	—
Assistance des sans travail.....	3.901.838	—
Assistance en cas de maladie...	4.641.855	—
Assistance en cas d'invalidité...	563.589	—
	14.040.518	

Report......	14.040.518	marks
Assistance dans les cas de besoins pressants, décès............	879.643	—
Organe de la Fédération.......	4.692.552	—
Secours de grèves............	11.116.499	—
Total...........	30.729.212	—

ce qui fait en francs la jolie somme de 38 millions 411 mille 515 francs.

Et le nombre de ces ouvriers syndiqués est à peu près celui de nos syndiqués rouges 359.000.

Tandis qu'en France nos syndicats rouges s'épuisent en appels de fonds destinés à organiser la guerre sociale et la ruine nationale, les syndicats rouges allemands font converger toutes leurs ressources, tous leurs efforts, vers la solidarité et l'organisation pratique.

Si d'Allemagne nous allons en Angleterre, les résultats comparatifs des associations ouvrières avec *nos bandes rouges subventionnées* sont encore plus saisissants. Elles donnent des subventions, au lieu d'en recevoir. Elles s'occupent d'améliorer le sort de leurs syndiqués par l'étude sérieuse de questions professionnelles. Elles aident le mouvement commercial et industriel, au lieu de l'arrêter comme nos Rouges. Elles ont horreur de la politique qui a déversé et tuera nos syndicats rouges de France.

En une année, 100 syndicats anglais ont dépensé en subventions à leurs adhérents : 41 millions 390 mille 875 francs. Il leur reste en caisse 104 millions 47 mille 900 francs.

En quoi, nos syndicats rouges socialistes de France, peuvent-ils se comparer à ces *véritables* organisations ouvrières de l'Etranger ? Que font leurs chefs, largement subventionnés par l'État ou les communes, grassement rétribués au Parlement ou ailleurs ? Ils vont dans les réunions ouvrières pour rugir contre leurs contradicteurs, quelquefois les faire assommer. Ils ruinent les industries dont vivent les ouvriers, fomentent des grèves politiques, réduisent à la misère leurs syndiqués trop crédules et puis dirigent toutes les haines contre les patrons aux abois.

II. — DOCTRINE ET ERREURS DES SYNDICATS ROUGES

Il serait peut-être hardi, presque téméraire, de vouloir établir d'une façon claire, nette et complète la doctrine des syndicats rouges, connue sous le nom de socialisme. Elle est avant tout ondoyante et diverse, comme les unifiés qui dirigent le parti. Nous tâcherons cependant d'en dégager quelques points qui, à cette heure, paraissent incontestés.

Avant d'entrer dans les détails de cet exposé et pour nous rendre bien compte de ce fait, que les syndicats rouges ont été complètement dévoyés par les politiciens de leur but *uniquement professionnel*, et par suite bienfaisant, transcrivons l'article 3 de la loi du 21 mars 1884,

« ART. 3. — Les syndicats professionnels ont *exclusivement* pour objet, *l'étude et la défense des intérêts économiques industriels, commerciaux et agricoles.* »

Voici maintenant le programme des syndicats rouges : collectivisme, Étatisme, Anticléricalisme, Antimilitarisme, Internationalisme, suppression du patronat et du capitalisme, lutte des classes ; enfin deux questions professionnelles : Journée de huit heures et Droit de grève. Étudions chacun de ces points, afin de savoir comment ils peuvent et doivent améliorer le sort des travailleurs, d'après la doctrine socialiste.

Collectivisme   1° *Collectivisme.* — C'est le nom rajeuni, modernisé, d'une chose bien vieille : le communisme. Ce point du programme des syndicats rouges consiste à enlever à chacun tout ce qu'il possède, pour le transférer à la collectivité, représentée par l'État. Il n'y aura plus qu'un seul et unique propriétaire, l'État. Imaginons-nous un instant l'Etat propriétaire de tout en France.

Comment il sera appliqué.   L'Etat unique propriétaire, l'État unique patron répartira entre les divers membres de la société les travaux à exécuter et le produit de ces travaux : c'est le travail et la consommation en commun. Nous serons astreints au travail selon nos forces et notre capacité, et notre journée nous sera payée uniformément, non d'après la qualité ou la difficulté du travail, mais d'après un tarif unique basé sur nos besoins. L'ingénieur qui aura à résoudre les problèmes si compliqués des forces mécaniques, recevra le même salaire que le manœuvre employé à casser des cailloux sur le grand chemin. D'un autre côté, l'artiste de génie, un Michel Ange ou un Raphaël, dont les œuvres seront immortelles, touchera au soir de sa journée le même salaire que le premier barbouilleur venu. N'étant plus propriétaires, les Français collectivistes seront tous les locataires gratuits de l'Etat. Voilà une idée du régime auquel les syndicats rouges veulent astreindre tous les Français.

Puisque tous les Français seront des salariés, uniformément rétribués et uniformément occupés, qui donc fera dans toute la France et journellement la répartition gigantesque de tous les travaux et de tous les salaires? Dans cette monstrueuse usine que sera la France, qui donc règlera toutes les diverses, délicates et si nombreuses questions soulevées par le fonctionnement si compliqué de cette agglomération effroyable de salariés? Nous serons environ 30 millions de salariés qui ne manquerons de rien!! Que de chefs, que de sous-chefs, que de grands chefs pour gouverner cette armée de travailleurs où chacun aura perdu sa liberté. Nous serons tous entre les mains d'une aristocratie de chefs fainéante et nombreuse, qui, maîtresse absolue de tout, nous réduira à l'esclavage...

Quel est l'ouvrier, le travailleur sensé, qui ı e voit pas dans ce système, que chaque individu devient non son maître, mais un simple rouage de la grande machine collectiviste ? Il est réduit à devenir un outil à production ? Il n'a plus de soucis, mais il n'a plus d'espoir. C'est une bête de somme, dit un penseur, qui trouve après son travail sa litière et son fourrage. Ce système bannit l'intérêt personnel. Or, il est au fond de toute nature humaine un besoin inné de recueillir, pour soi et pour les siens, le produit de son travail, de ses labeurs. Cet espoir adoucit ses fatigues, cet intérêt personnel soutient son courage. Si on supprime la propriété, on enlève au travailleur tout but personnel, toute émulation ; on détruit un des principes les plus énergiques de l'activité humaine et une des lois les plus morales de la justice distributive : *à chacun selon ses mérites.* Tous doivent travailler dans l'intérêt de tous ; dans ce système chacun comptera sur le voisin pour faire l'effort nécessaire ; ce sera suivant une parole vraie : Une prime à la paresse.

Ce système n'est d'ailleurs pas nouveau. Le collectivisme, le communisme, est la loi, le système qui régit les communautés religieuses ; la congrégation est propriétaire de tout, l'individu ne l'est de rien : il reçoit ce qui lui est nécessaire ou utile.

Les supérieurs fixent au religieux son labeur, sa tâche journalière et il obéit sans souci et sans préoccupation ; la congrégation pourvoit à tout... Est-ce là le progrès et la liberté socialistes ?

Le collectivisme est essentiellement un système de réaction, une vieillerie, une antiquaille. Ce système existait au temps des patriarches ; il n'a jamais réussi en Chine où d'ardents propagateurs s'en firent les apôtres, pas plus qu'en Europe où, au commencement du xvi⁰ siècle, Jean de Leyde essaya vainement de l'introduire. En Russie même, de nos jours, « il y a certaines régions où la propriété individuelle n'existe pas : c'est la commune qui possède, sous le nom de *mir*, l'ensemble des terrains compris dans ses limites. Ainsi nous voyons, à l'origine des civilisations, une propriété collectiviste organisée : *mais l'idée collectiviste est si contraire à l'évolution de l'humanité, qu'au fur et à mesure que la civilisation se raffine, la propriété collective tend à disparaître pour faire place à la propriété individuelle ; l'expérience nous montre qu'à cet égard, c'est l'aboutissement de l'évolution humaine* ».

Voilà le collectivisme condamné par l'expérience et le bon sens. Un mot pour finir.

« M. Jaurès gagne 20 à 40.000 francs par an comme journaliste, alors que les vendeurs de ses journaux touchent 40 sous par jour. Pourquoi M. Jaurès n'établit-il pas une organisation collectiviste dans ses journaux, de manière à partager les salaires de façon plus égale entre ses collaborateurs, ses vendeurs et lui ?

« Si le bonheur parfait régnait dans ces grandes familles collectivistes, nous pourrions peut-être mieux apprécier les théories de M. Jaurès, tandis que sa façon de vivre ultra-bourgeoise ne peut en aucune façon nous convaincre de la sincérité de ses convictions [1]. »

L'étatisme nécessite une armée de fonctionnaires.

2° *Étatisme.* — L'Étatisme est la conséquence naturelle du collectivisme. L'État possède tout, l'État gouverne tout, l'Etat centralise tout, l'État distribue à chacun sa part de bien-être. Tout à l'État. Mais l'Etat pour gouverner tous les salariés, pour distribuer travail et bien-être, pour tout surveiller, comment fera-t-il ? Il aura des nuées de fonctionnaires. Nous avons 450.000 fonctionnaires, nous en aurons des millions, chargés de faire travailler la masse des prolétaires français ; tels les affranchis sous les anciens Romains surveillaient les troupeaux de travailleurs esclaves.

Change le patronat en mandarinat. L'Etat est le plus mauvais des patrons.

Les socialistes qui crient tant contre le patronat, ne le suppriment pas dans leur système ; ils le changent en mandarinat, ils rétablissent l'ancien servage ; il faudra travailler par ordre ; se reposer par ordre ; ne jamais rien choisir, ne jamais user de sa liberté.

D'ailleurs, jetons un coup d'œil sur l'État patron à cette heure pour nous édifier. L'Etat patron fait des cantonniers et des facteurs, des faméliques qui débutent, à vingt-cinq ans, avec

1. *Les Idées Jaunes*, par G. Japy. Paris, 1906, p. 137.

40 francs par mois ; les ouvriers de ses manufactures d'allumettes sont les victimes marquées de la misère et de la nécrose. Les travailleurs salariés de l'État, dans nos arsenaux, sont sans cesse en insurrection contre les chefs que leur a donnés leur patron, l'État. Voyez à Brest et à Toulon. Les employés de l'État n'ont pas le droit de se syndiquer ; l'État leur refuse le droit de grève et il les révoque impitoyablement avec une férocité que jamais patron ou chef d'usine n'a égalée, même de fort loin : rappelez-vous la grève des facteurs et les 300 révoqués. En résumé, l'État est le pire et le dernier des patrons. Que sera-ce quand il sera le seul patron ? Tous ses fonctionnaires prolétaires sont menés à la baguette, par une discipline où la délation est un moyen de commandement et de direction. Qui ne s'aperçoit que l'Étatisme est la complète abdication de la personnalité humaine ?

Dans le monde du travail, écrit M. Gaston Japy dans le *Jaune* le gâchis des idées est arrivé au comble de l'absurdité sur cette question.

« Les ouvriers socialistes veulent détruire les usines et les patrons et se livrer en esclaves à l'État tout-puissant dont les fonctionnaires seront les patrons tyranniques. On pourrait écrire des volumes sur le gâchis existant dans l'esprit des travailleurs. L'État pour ces ouvriers, c'est le bon Dieu ; l'État peut tout, il donne le traitement et la nourriture, il enrichit tout le monde. *Lorsque tout sera à l'État, et que personne n'aura plus rien, chacun sera riche.* Voilà le raisonnement de centaines de milliers de Français, empoisonnés par les niaiseries collectivistes.

« Je répondais l'autre jour à un adepte du collectivisme, dit toujours M. Japy : « Mais l'État a les tabacs, les allumettes, ne payez-vous pas votre tabac, vos allumettes? En France, l'État vous donne-t-il ses produits? Non, n'est-ce pas ; et il vous les fait payer plus cher que chez nos voisins, et il vous vend de la drogue par-dessus le marché. L'Opéra est à l'État : le bon collectiviste d'Aubervilliers ou de Pantin va-t-il gratis à l'Opéra? — Ah ! me répondit mon collectiviste, mais les chemins de fer, s'ils étaient à l'Etat, nous feraient voyager gratis et donneraient à l'État des millions. »

« Que dites-vous, de ce joli exemple du gâchis mis dans les cerveaux? Voyez-vous les chemins de fer ne faisant pas payer les billets et gagnant de l'argent? Voilà où en sont arrivés les ouvriers écoutant les racontars des socialistes. Avec cette doctrine les ouvriers ne s'inquiètent nullement de soutenir l'industrie qui les fait vivre; ils ne songent pas que l'ennemi des travailleurs sont l'État, les spéculateurs, les fonctionnaires et ceux qui leur prêchent le collectivisme. »

L'État est donc le pire, le plus ingrat et le

plus tyrannique des patrons ; et la situation du salarié socialiste aura-t-elle changé, quand, au lieu du patron en chair et en os à qui il peut s'adresser, il aura pour patron ce monsieur invisible qu'on appelle l'État? N'est-ce pas avoir perdu tout bon sens que de prêcher cette doctrine à des prolétaires que l'on trompe. La doctrine collectiviste et étatiste peut se résumer dans ce petit discours que M. Poizat, dans *le Jaune*, a placé avec beaucoup d'à-propos sur les lèvres des chefs socialistes :

« Vous êtes en trop grand nombre à ne rien posséder ; nous allons tous vous priver de la propriété. En adhérant à notre doctrine, vous signerez pour toujours votre renoncement à la propriété individuelle, à la liberté individuelle. *Vous serez le troupeau et nous nous serons les bergers.* »

3° *Internationalisme.* — Qu'est-ce que l'internationalisme? C'est une doctrine sociale par laquelle on demande la suppression des frontières, la suppression des nationalités, la fusion de tous les peuples, ou du moins de tous les travailleurs, pour ne former qu'un seul peuple de frères.

C'est très beau, n'est-ce pas! Mais, si vous réfléchissez tant soit peu, demandez-vous et calculez le nombre d'années, de siècles même, qu'il faudra pour fondre ensemble Anglais, Français, Allemands, Russes et en faire un seul peuple, le peuple Européen. C'est reculer de quelques mille ans la réalisation du programme collectiviste.

Sans aller aussi loin, sans essayer de résoudre ce problème insoluble, posons-nous cette simple question de bon sens : « Comment pour moi, ouvrier, l'internationalisme pourra-t-il améliorer ma situation, augmenter mon salaire et m'assurer la sécurité pour le cas de maladie, de chômage, ou quand je serai vieux ? » Creusez-vous la cervelle, et essayez de trouver une réponse simple et facile à comprendre. Vous n'y arriverez jamais. Si vous interrogez les intellectuels socialistes, ils iront vous chercher des raisons spécieuses : combinaisons, entente des travailleurs, production, surproduction, et tout cela réalisable aux calendes grecques.

Autant vaudrait dire simplement aux travailleurs : « Vous ne pouvez pas tous être propriétaires ici, puisque la terre est aux bourgeois... Nous travaillons à rapprocher la lune de la terre et quand la lune sera notre voisine et que nous prendrons contact avec elle, tous les prolétaires émigreront, et ils deviendront tous riches propriétaires... dans la lune. En attendant, détruisez vos instruments de travail et rêvez à vos propriétés futures. »

4° *Antimilitarisme.* — *Anticléricalisme.* — Ici c'est à n'y plus rien comprendre. Demandez donc à un syndiqué rouge, comment ces deux articles du programme socialiste vont améliorer sa situation ? Comment la suppression des Curés et des Soldats augmentera son salaire et lui donnera du bien-être ? Probablement quand

il n'y aura plus de curés et de militaires, il n'y
aura plus de chômage pour l'ouvrier... il ne
sera plus atteint par la maladie ou la vieil-
lesse et les pièces de 2 francs se changeront en
beaux écus de 5 francs... Ne voit-il pas que
l'anticléricalisme est une atteinte au principe
de la liberté... une atteinte au droit de penser,
à ce droit intime de l'homme, qui interdit à un
autre homme de pénétrer dans le sanctuaire de
la conscience ? De quel droit Jaurès ou Guesde,
viendront-ils me dicter à moi ouvrier les règles
qui doivent guider ma conscience? De quel
droit m'imposeront-ils comme un article de
leur programme socialiste, d'être anticlérical?
Est-ce que, moi ouvrier, j'ai essayé d'empêcher
Jaurès de baptiser sa fille à l'eau du Jourdain
et d'assister pieusement à sa première communion? De quel droit viendrait-il m'interdire de
faire ce qu'il a librement accompli? Est-ce
parce que je suis ouvrier et qu'il est un chef
socialiste, châtelain de Bessoulet et député?
Alors je m'insurge contre cette main mise sur
ma conscience et je crie : « A bas les tyrans! »

A un autre point de vue, est-ce que l'antimilitarisme n'est pas un crime de lèse-patrie ?
Si toutes les nations désarmaient d'un commun
accord... ce serait parfait : mais travailler à
faire supprimer l'armée en France, pendant
que tous nos adversaires augmentent et fortifient
leurs armements, c'est de la folie, de la dé-
mence. Prêcher la révolte aux soldats, c'est

engager nos ennemis à nous écraser quand nous serons sans armée, ou que l'anarchie régnera dans les rangs de nos soldats. Ici nous ferons simplement appel au sens judicieux des ouvriers embrigadés dans les rangs antimilitaristes et nous leur dirons : « Voilà deux ouvriers ennemis qui se sont promis de vider leur querelle dans une surprise. L'un le plus prévoyant et le plus acharné sort toujours armé de son revolver, l'autre l'imite. Que diriez-vous si un de vos camarades venait trouver celui-ci, pour lui enlever son revolver ou pour le forcer à le laisser chez lui quand il sort. Certainement vous vous indigneriez, et vous diriez au camarade qui agirait de la sorte qu'il est ou un fou, ou un traître, et qu'il veut aider à faire assassiner le naïf adversaire qui sortirait désarmé. » Pour les nations il en est de même : que toutes désarment ou aucune.

Le bon sens condamne ce nouvel article du programme des syndicats rouges.

Suppression du Patronat et du Capital.

5° *Suppression du Patronat et du Capital.* — Les chefs socialistes ne veulent pas cette suppression absolue, ce qui serait absurde, car il faudra toujours des chefs pour commander, et de l'argent pour organiser les affaires, pour régler et donner des salaires. Ils changeront simplement, comme nous l'avons expliqué aux articles *Collectivisme* et *Étatisme*, les directeurs actuels du travail et les propriétaires de l'argent. Le patron, dans leur système, l'unique patron c'est l'État : comme l'État, personne morale inexistante, ne pourra agir que par des délégués, ce seront eux tous, les grands chefs, chefs et petits chefs socialistes, qui deviendront les nouveaux patrons de l'armée des prolétaires socialistes... ce ne sera pas plus difficile que cela. De même pour le capital : l'État, unique propriétaire de toute la fortune de la France, sera le seul capitaliste : mais ici comme pour le patronat, l'État sera obligé d'avoir des délégués pour gérer ses Finances et administrer ses biens ; tous les délégués aux finances seront nécessairement les grands chefs, les chefs, et les sous-chefs de tous les syndicats rouges de France... ce sera excessivement simple et facile. En résumé, ouvriers des syndicats rouges, vous aurez simplement changé de patrons et de capitalistes : Jaurès et toute sa bande seront devenus les patrons et les capitalistes de votre nouvelle société, et vous, ouvriers naïfs et bons, après les avoir portés au pouvoir et à la fortune par vos bulletins de vote, vous resterez Gros-Jean comme devant.

6° *Droit de grève et journée de huit heures.* — Jusqu'ici nous ne nous sommes occupés que de revendications politiques qui ne peuvent nullement améliorer le sort des travailleurs, mais qui ont conduit au Parlement à peu près tous les chefs des syndicats rouges. Examinons les deux seuls articles du programme ouvrier-socialiste,

Le droit de grève. — La grève est la désertion en masse des ateliers faite par les ouvriers pour imposer aux patrons certaines conditions que ceux-ci ont rejetées. Malgré l'obscurité voulue des lois et règlements, la grève est un droit, et nous ajoutons, un droit incontestable. Pour être légitime, elle ne doit cependant reposer que sur des revendications professionnelles, des réglementations d'heures de travail, de salaires, de la discipline intérieure, etc., etc.

Tous les actes qui tendent à provoquer des grèves politiques ou révolutionnaires sont, en principe et en fait, nuisibles à la classe ouvrière et en même temps destructrice de la prospérité générale.

Le droit de grève ainsi conçu et pratiqué peut arriver à améliorer le sort des ouvriers; car il est peu de patrons qui, sous l'influence de la double pression exercée, d'un côté par une grève appuyant des demandes légitimes et de l'autre par l'opinion, ne cèdent à de justes revendications.

Malheureusement les syndicats rouges ont faussé complètement l'usage de ce droit légitime. Leurs chefs, politiciens de profession, se sont servi de cette arme pour faire aux travailleurs de cruelles et profondes blessures qu'ils ont eu l'audace habile de faire attribuer à la résistance patronale. En général, leurs grèves ont eu de *honteux dessous politiques ou financiers* et les malheureux ouvriers, excités par des meneurs *salariés*, ont marché, suivant l'expression reçue, la mort dans l'âme... jusqu'au jour où pleurant de faim eux, leur femme et leurs enfants, après avoir épuisé les ressources économisées depuis longtemps, ils ont été obligés d'accepter, quelquefois même les conditions anciennes, ou une augmentation si minime qu'il faudra des années pour qu'elle arrive simplement à reconstituer les économies perdues en quelques semaines de grèves.

Souvent même, devenues révolutionnaires par une de ces aberrations mentales qui ne peuvent s'expliquer, elles poussent les ouvriers fanatisés à détruire l'usine qui les faisait vivre, à anéantir l'instrument de leur travail; parfois même l'incendie se double de tentatives de meurtre. Tout le monde a présentes à la mémoire les scènes révolutionnaires de Fressenneville et de Limoges. En général ces grèves avec leurs causes politiques, financières et dirigées par des procédés révolutionnaires ont porté un tort immense au commerce et à l'industrie nationales, sans améliorer le sort des travailleurs. Marseille ne s'est pas encore relevé des grèves multipliées de ses ouvriers du port qui ont fait la prospérité de Gênes sa rivale. Notre marine marchande souffrira longtemps des grèves fomentées par les inscrits maritimes.

En résumé, les chefs socialistes ont rendu malfaisant pour les ouvriers le droit de grève appelé à améliorer leur situation, et en cela ils se sont montrés leurs pires ennemis.

Journée de huit heures. — Comme les socialistes ont la manie de tout régler par des lois et d'envelopper de liens notre liberté, ils ont imaginé, pour alléger le travail des ouvriers, de fixer ses heures de labeur à huit. Nous restons rêveur devant ce chiffre et avouons ne pas le comprendre : il nous paraît même une absurdité. Pourquoi huit et pas neuf : est-ce parce que 24 est divisible par 8 et par 3, ce qui fait les fameux 3 huit et qu'il ne l'est pas par 9. Mais alors, si c'est l'unique raison et je n'en vois pas d'autre, il l'est aussi par 6, ce qui réduirait à six heures le travail quotidien des ouvriers.

Mais ce chiffre 8 qui fixe uniformément le nombre d'heures de travail pour tous les ouvriers de France, est d'une absurdité aussi grande que celle qu'il y aurait à fixer à 800 grammes le poids de ce que chaque Français doit absorber au repas de midi, vin compris. Essayez de soumettre à ce régime de l'hygiène socialiste tous les Français de France, et vous nous en donnerez des nouvelles une semaine après. Le gros bon sens nous crie, que de même qu'il faut laisser à chacun la liberté de fixer à son estomac la quantité de nourriture qui doit lui assurer la santé ; de même il faut laisser à chaque industrie et à chaque région le soin de régler les heures de travail compatibles avec les forces humaines et les nécessités vitales d'une industrie. Telle vivra sagement et largement avec un travail de huit heures par jour, telle autre en mourra sûrement après quelques mois. Nous ne sommes pas les seuls industriels d'Europe ; avec ce régime absurde, digne des rêveurs collectivistes, la France sera vite ruinée.

Voyez-vous d'ici le paysan, à l'époque des moissons, travaillant du matin à quatre heures jusqu'au soir à 9 heures, pour rentrer ses blés ou ses foins, condamné à les laisser dehors à la pluie ou à l'orage de par la loi socialiste des huit heures ? Le chauffeur automobiliste, lâchant son maître au milieu d'une route, ses huit heures de travail accomplies ? Et si je veux travailler plus de huit heures, s'il me plaît de travailler dix et douze heures, de quel droit l'Etat viendra-t-il mesurer l'effort que je veux et que je puis faire ? C'est encore une atteinte portée à ma liberté.

7° *Moyen de réaliser le programme socialiste. — La lutte des classes.* — Encore un boniment des intellectuels, meneurs des syndicats rouges. Serrons de près la question :

« La lutte des classes, dit M. Gaston Japy, dans son livre si intéressant : *les Idées jaunes,* est l'un des grands refrains de la chanson socialiste. Bien qu'ils prétendent aimer la paix, les socialistes désirent voir les citoyens d'un même pays s'entre-dévorer. Étrange pacifisme. » Première contradiction, ajouterons-nous,

Par lutte de classe, les collectivistes veulent dire la lutte des pauvres contre les riches : la chose est claire.

« Mais M. Jaurès, M. Sembat, M. Vaillant, M. Viviani et autres apôtres de la sociale, jouissent de fort jolis revenus qui les mettent dans la classe des gens riches. M. Augagneur qui était payé par les contribuables comme maire de Lyon, comme député, comme professeur, environ 45.000 francs par an, a trouvé mieux encore en devenant gouverneur de Madagascar (200.000 francs).

« Je ne comprends pas très bien comment ces messieurs accordent leurs revenus avec leurs théories, mais j'admire les jobards qui acceptent leurs boniments. » Deuxième contradiction.

« Pourquoi les travailleurs qui écoutent bouche bée les phrases creuses des Jaurès et autres prétendus apôtres, ne leur disent-ils pas : « Pardon, citoyens, vous trouvez que nous autres prolétaires nous devons démolir les riches, mais vous l'êtes vous-mêmes ; *commencez donc par devenir prolétaires. S'il existe une classe capitaliste, vous en êtes : il serait abominable, après ce que vous en dites, que vous y restiez une heure de plus.* Lorsque l'on s'aperçoit qu'on est au milieu de gens atroces, nuisibles, bons à pendre, doit-on rester parmi eux, doit-on vivre de leur vie et profiter de leurs avantages[1] ?

____

1. *Les Idées Jaunes*, par Gaston Japy. Paris, 1906, p. 222-223.

« Voilà, Messieurs de la Sociale, le langage
que vos dupes devraient vous tenir. » Mais
vous ferez comme toujours la sourde oreille et
vous ne reculerez pas devant une troisième
contradiction; votre vie en est tissée.

A cette heure, presque tous les industriels,
ayant fait fortune depuis un siècle, sont les des-
cendants de familles pauvres et obscures : combien de petits négociants, de petits agriculteurs, de propriétaires peu aisés descendent,
au contraire de familles très nobles et jadis
très riches! Ils sont légions les bourgeois,
les rentiers, les professeurs, les cultivateurs,
les négociants ayant des ressources inférieures
à celles de bien des ouvriers. Alors indiquez où
commence et où finit la classe contre laquelle
il faut lutter. « Parmi les ouvriers certains
gagnent 15 francs par jour, d'autres ne gagnent
que 2 francs »; il y aurait donc des classes
chez les ouvriers ? Faudra-t-il que ceux qui
gagnent moins, et qui sont pauvres, luttent
contre ceux qui gagnent plus, et qui sont
riches. Contradiction et encore contradiction.

« La rubrique *lutte des classes*, est une erreur socialiste destinée à compléter les affiches
et à enrichir les bateleurs de la sociale. Cela
aide à vendre *l'Humanité*, *la Petite République*,
la Lanterne et autres journaux débitant le socialisme à 5 centimes, comme le mastroquet vend
chaque matin le petit verre d'alcool qui tue[1]. »

1. *Les Idées Jaunes*, p. 223-224.

Mais où les socialistes-collectivistes montrent
avec une évidence cynique leur mépris du *populo* qui les lit sans réfléchir, c'est lorsque après
avoir excité leurs troupes contre les patrons
capitalistes, contre les bourgeois capitalistes,
pour la lutte des classes, ils font un silence absolu
sur les gens de la haute banque, agioteurs sans
conscience, spéculateurs éhontés, qui possèdent
des milliards gagnés dans le jeu immoral de la
Bourse. Pourquoi cette dernière et violente
contradiction ? N'y a-t-il pas là des milliards
bons à conquérir et à socialiser? Ah! c'est ici
le côté délicat de la situation ; suivant l'expression vulgaire, c'est là où le bât les blesse.
Ils sont tous les hommes de la haute finance, ils
mangent tous à ce râtelier. Leurs journaux ont
pour actionnaires et pour maîtres les hauts et
puissants financiers qui spéculent, et à cette
classe-là il n'y faut pas toucher[1]!!! S'ils exci-
taient les travailleurs contre cette classe dan-
gereuse, on leur supprimerait les mensualités
et, dame! on a beau être socialiste-collectiviste,
la pièce de 20 francs et le billet bleu... c'est
bon à toucher. Avez-vous jamais vu, dans une
foire de village, l'ours Martin conduit par un
simple gamin, obéir à tous les ordres qui lui
sont donnés... il fait le gentil, il gambade, il
grogne, il montre les dents, fait le berger, etc.,
si quelquefois son naturel féroce se réveille et

---

1. Voir plus loin, p. 109, la note 2.

si fatigué il refuse d'obéir ou menace son maître, le gamin a tôt fait de désarmer sa fureur et de le rendre docile ; il a en main une légère chaîne qui correspond à un anneau passé dans une plaie toujours vive, faite à une des narines de l'animal, et la moindre pression exercée sur la chaîne excite une douleur telle que Martin, pour l'éviter, obéit toujours avec sagesse. Tels nos socialistes aux mains des grands financiers ; la subvention à leurs journaux est la chaîne d'or qui les force à ne jamais parler contre ceux qui les font vivre.

Voilà leur logique et leur bonne foi, pour le dernier article de leur programme rouge. Quelle conclusion faut-il tirer de l'étude du programme socialiste ?

Pour le penseur, pour l'homme de science, à ce programme incohérent et fantasque des socialistes il sera facile de reconnaître les bruyantes élucubrations des Jacobins d'autrefois, dont les cerveaux étaient hantés de rêves chimériques et d'utopies irréalisables. Ils considéraient la société, non pas comme une *réalité vivante* qu'on ne saurait améliorer, comme toutes les réalités vivantes, qu'en acceptant les nécessités qui la conditionnent, mais comme une *œuvre artificielle* capable d'être modifiée au gré de leurs rêves de justice ou de leurs appétits de bonheur. Et, en cela, ils sont éminemment rétrogrades et antiscientifiques.

Pour l'homme de bon sens, qui a simple-

ment gardé la sensation naturelle des choses
qui heurtent la raison, la seule conclusion à
tirer est que c'est là un programme de fous.
L'incohérence et l'anarchie des idées qui s'y
heurtent dans des contradictions flagrantes
donnent l'image de la danse macabre des pen-
sées dans une cervelle d'aliéné. C'est l'absurde
multiplié par l'impossible : ou encore, suivant
la parole imagée et pittoresque d'un vieux soldat : c'est creux, sonore et vide comme un
tambour.

VI

LES SYNDICATS JAUNES
LEUR HISTOIRE. — LEUR DOCTRINE
LEURS RÉSULTATS

De l'étude que nous avons faite sur les corporations, une loi s'est dégagée d'une manière absolument claire et précise : L'association libre, purement professionnelle d'ouvriers et de patrons, en dehors de l'ingérence de l'Etat, a donné pendant des siècles d'excellents résultats. Nous avons vu comment la Révolution, méconnaissant cette loi nécessaire à l'harmonie des relations ouvrières et patronales, a fait de l'ouvrier heureux et tranquille sous le régime corporatif, un malheureux, un déshérité, un isolé, enfin un révolté. Nous nous sommes rendu compte de cet autre fait, que le besoin de s'associer, de se grouper, étant une des nécessités qui conditionnent cet être vivant qui se nomme la nation française, ce besoin vital a forcé le Parlement français à donner à l'ouvrier et au patron la liberté d'user de ce droit naturel de se grouper en syndicats pour y traiter de leurs intérêts communs (Loi de 1884).

Enfin, expérimentalement, nous venons de voir dans notre étude sur les syndicats rouges, la faillite complète de ces groupements qui, au lieu d'apporter une bienfaisante influence dans les rapports des patrons et des ouvriers, n'ont fait que les rendre plus difficiles en accentuant les hostilités réciproques, en soulevant des haines plus violentes, en créant l'anarchie dans le le monde du travail, en faisant de l'ouvrier en général bon, un être révolutionnaire et qui pousse la folie jusqu'à détruire l'instrument de travail qui le faisait vivre. D'où vient cette faillite si rapide, où en est la cause? Dans ce principe faux, antiscientifique, que nos Socialistes ont reçu de leurs Grands Ancêtres les Jacobins : *qu'ils peuvent modifier une Société au gré de leurs rêves de justice ou de leurs appétits de bonheur parce que, pour eux, une Société est une œuvre artificielle.* Ils ne veulent pas tenir compte des faits de l'expérience et des lois naturelles scientifiquement démontrées. Et ici, dans le cas qui nous occupe, ils n'ont pas voulu, *en tenant compte des progrès et des habitudes modernes*, appliquer la loi qui se dégage de l'étude de ces groupements corporatifs loi qui, pendant des siècles et des siècles, avait réalisé l'harmonie des intérêts entre patrons et ouvriers. Ils ont traité la société humaine non comme un être vivant, qui a ses lois profondes et nécessaires, mais comme une machine inerte dont ils peuvent changer ou modifier les rouages, au gré de leurs calculs mathématiques.

Il s'est trouvé dans le mouvement syndical rouge des hommes qui ont été également meurtris par les mouvements anarchiques et révolutionnaires de cette machine désorganisée qu'est devenu le monde des ouvriers *irrationnellement* et *antiscientifiquement* agglomérés. En traitant le monde du travail, non comme une machine inerte, mais comme un être vivant, nous sommes arrivés scientifiquement et expérimentalement à dégager la loi naturelle et par là même nécessaire, qui doit régir les rapports du travail et du capital. Cette loi, que nous appliquons dans nos syndicats jaunes, et qui déjà a rétabli l'harmonie et la paix là où existaient la haine et la guerre, est celle que nous avons dégagée de notre étude sur les corporations d'autrefois : *Association libre, purement professionnelle, d'ouvriers et de patrons, en dehors de l'ingérence de l'État, organisée par métiers et régions.* Mais comme nous sommes, en même temps que des hommes de science et de tradition, des hommes de progrès, nous avons légèrement modifié cette loi pour l'adapter à nos mœurs du xx° siècle ; au lieu de grouper dans une même association patrons et ouvriers, nous avons formé des syndicats de patrons et des syndicats ouvriers réunis dans une fédération générale.

Les Syndicats Jaunes sont d'accord avec la science expérimentale.

Etudions ensemble les syndicats jaunes, leur histoire, leur programme et les résultats qu'ils ont déjà donnés.

I. — HISTORIQUE DES SYNDICATS JAUNES

Premiers syndicats indépendants. Les agitations anarchiques organisées par les syndicats rouges avaient fait beaucoup de mécontents parmi les ouvriers de bon sens et sérieux. Des groupements indépendants s'étaient créés de tous côtés, quelques-uns confessionnels et particulièrement florissants, comme celui des employés de commerce de la rue des Petits-Carreaux qui compte 4.000 adhérents, comme celui de Tourcoing, merveilleusement organisé et procurant aux ouvriers ce qui est nécessaire à l'existence dans des conditions sans pareilles de bon marché, etc.

Mais le véritable mouvement d'opposition et de révolte contre les syndicats rouges, prit naissance chez des ouvriers qui désiraient ne point cesser le travail, tout en poursuivant leurs revendications légitimes. Les protestations d'individuelles devinrent bientôt collectives.

Montceau-les-Mines donna le signal de la révolte des ouvriers indépendants contre les Rouges. Une grève politique, qui devait servir à ruiner les ouvriers et à enrichir les financiers qui spéculent sur les titres, était déclarée. Des ouvriers sages et sensés résolurent de ne pas cesser le travail. Faibles, isolés, ils furent dès le début victimes des plus odieuses brutalités. Ces violences dont ils furent l'objet les poussèrent à s'organiser. Ils se réunissaient au *Café de la Mairie* à *Montceau-les-Mines*, et leur groupement portait le nom de Syndicat n° 2.

« Effrayés, furieux, de ce qu'ils considéraient comme une trahison, les « Rouges » résolurent de châtier ceux qui voulaient travailler, et pour ce faire, ils vinrent faire le siège du *Café de la Mairie :* ce fut une émeute. La troupe, la gendarmerie, eurent fort à faire pour empêcher les assaillants de démolir l'édifice. Des coups de revolver, d'énormes pierres, des projectiles divers cassèrent les vitres. Quand ils furent débloqués par les charges de la police, les assiégés qui n'avaient pas le choix des matériaux remplacèrent, tant bien que mal, les carreaux cassés par des feuilles de papier « jaune » dont ils avaient un stock.

« Ils étaient baptisés. Les Rouges, par dérision, appelèrent le Siège social des Indépendants qu'ils avaient saccagé : « Syndicat jaune ».

« Depuis cette époque, nos organisations se parent orgueilleusement de l'épithète décochée en pleine bataille. Notre insigne est le genêt; celui des Rouges, l'églantine[1]. »

« Aux premiers mois de 1901, une sourde, mais profonde évolution s'accomplissait dans la classe ouvrière. Les meilleurs parmi ceux qui

---

1. *Le Socialisme et les Jaunes*, p. 68, 69, 70.

avaient favorisé, sinon implanté, le syndicat socialiste faisaient un retour sur eux-mêmes, refusaient nettement de suivre plus longtemps les Jaurès, les Millerand et autres mauvais bergers dans leurs théories antinationalistes, athées, négatrices de tout idéal et nettement révolutionnaires, au mépris des revendications légitimes et possibles.

« Nous avions vu trop d'infamies, trop d'attentats contre la classe ouvrière, commis par ceux-là même qui se disaient les représentants du prolétariat. — Las, écœurés, les travailleurs rentraient chacun chez soi ; les organisations ouvrières ne conservaient que les *meneurs* et les *suiveurs* de la Révolution.

« Avec quelques camarades nous avions résolu de remonter ce courant, fait de la haine des uns, de l'ignorance des autres ; et dans toute la France, on vit s'édifier des syndicats *indépendants*.

« Le gouvernement de MM. Waldeck-Rousseau et Millerand était trop habile pour ne pas sentir le danger que faisait courir à une politique réprouvée la constitution de groupements ouvriers jaunes, patriotes et *complètement détachés des influences de leur socialisme et des politiciens.*

Lanoir. « Avec la complicité d'un homme qui, sous prétexte d'organiser les Jaunes, fit un mal énorme à l'idée même du syndicalisme indépendant, les prédécesseurs de M. Combes mirent la main sur la direction intellectuelle du mouvement. Il y eût là de beaux jours pour M. Lanoir, qui fut l'artisan de notre échec momentané.

« Bref, les événements, les constatations *journalières* nous imposèrent la certitude que non seulement M. Lanoir n'organisait et ne voulait point organiser le monde ouvrier, *mais qu'il avait créé, grâce au concours aveugle de nos groupes et de nous-mêmes, une véritable industrie dont il était avec le gouvernement le seul bénéficiaire.* »

« Le premier Congrès des Jaunes se tint à Saint-Mandé les 27, 28, 29 mars 1902. M. Lanoir n'y émit aucun programme professionnel. Il voulait simplement faire une *cassure* dans le syndicalisme et former uniquement des groupes *antigrévistes* avec des moyens d'existence identiques à ceux des Rouges :

1° Subventions officielles ;

2° Subventions patronales.

C'était tout, c'était peu : rien au point de vue professionnel ; rien au point de vue national ; rien au point de vue social.

Tel quel, le mouvement jaune fit cependant des progrès : les industriels, las des grèves politiques, ne lui firent pas opposition. Presque tous les journaux de France, sauf les journaux socialistes, appuyèrent la tentative des Jaunes.

« M. Méline et son groupe, l'Association républicaine, firent chorus en faveur du groupement nouveau, qui se trouva ainsi en quelque sorte soulevé par un mouvement favorable de l'opinion publique.

Mais dans la coulisse agissaient des hommes politiques, désireux de se servir du nouveau groupement ouvrier pour appuyer leur élection en mai 1902.

Le 23 décembre 1901, M. Loubet, président de la République, soucieux de donner un essor aux syndicats indépendants, reçut à l'Elysée leurs délégués. Dans sa harangue, il blâma fortement les politiciens socialistes, qui attisent les haines, excitent toutes les convoitises ouvrières, et qu'il appela MISÉRABLES. « Aussi, ajouta-t-il, l'œuvre que vous avez entreprise a toutes mes sympathies ; je vous félicite de votre courage, et je vous souhaite de tout mon cœur une grande réussite. »

On le voit, les encouragements aux Jaunes venaient des sommets de la République.

A ce moment, les syndicats indépendants étaient au nombre de 317 et leurs adhérents étaient environ 100.000, bien que 200.000 fussent inscrits.

Mécontentement.

Le mécontentement qui existait à l'état latent dans le bureau du directeur, parce qu'il ne formulait pas de programme nettement professionnel et social et parce qu'il voulait ne former que des syndicats politiques, éclata après le Congrès de 1902 : et les dissidents à la tête desquels étaient Pierre Biétry, des ouvriers horlogers ; Sleens, de la Fédération du Livre ;

Verley des dessinateurs industriels; Jarry, des employés de commerce; et Bresson, des employés du gaz, formèrent un nouveau groupe sous le nom de *Fédération nationale des Jaunes de France*, avec un programme professionnel et social nettement défini.

Le nouveau groupement, cette fois tout à fait indépendant, était pauvre. Avec quelques centaines de francs, fruit des économies de Pierre Biétry, un journal organe de la Fédération parut sous ce titre : *l'Ouvrier indépendant*, il ne tarda pas à succomber, à cause de sa pauvreté même.

Après bien des péripéties, après des difficultés sans nombre, difficultés matérielles terribles, difficultés morales presque décourageantes, sans une énergie tout aurait succombé. Après des efforts inouïs, enfin, le 1ᵉʳ janvier 1904, parut le premier numéro du *Jaune*, le nouveau journal de la fédération des Syndicats indépendants. Désormais l'œuvre paraissait assise, le programme déterminé et suffisamment étudié et défini ; il portait, et il porte encore, en tête de chacun de ses numéros ces paroles de l'auteur de cette brochure :

Quand, dans une usine qui compte par exemple 5.000 ouvriers, 500 d'entre eux posséderont seulement chacun une action de 100 francs, il y aura quelque chose de changé : d'abord 500 propriétaires nouveaux, c'est-à-dire 500 hommes qui, dorénavant, auront quelque chose à « conserver » ; ensuite certainement 500 antigré-

vistes. Généralisez et développez l'expérience. C'est la fin de la démagogie socialiste.

Le même numéro donnait un parallèle entre les Jaunes et les Rouges :

Le rouge veut l'expropriation.

Le Rouge c'est le fanatique et le violent.

Le Rouge veut détruire la propriété.

Le Rouge fait alliance avec les politiciens révolutionnaires contre les patrons et contre l'usine.

Le Rouge s'est fonctionnarisé sournoisement, en sollicitant les subventions municipales et gouvernementales ; il vit aux crochets des contribuables.

Le Rouge ruine son foyer et celui de ses camarades par les grèves politiques.

Le Rouge pratique la violence et la tyrannie.

Le Rouge c'est le négateur, le révolté. le destructeur.

Le Jaune veut la participation.

Le Jaune c'est le travailleur conscient et libre.

Le Jaune revendique pour les ouvriers le moyen d'accéder à la propriété.

Le Jaune préconise l'union avec les patrons pour chasser les politiciens et les meneurs qui exploitent le monde du travail en ruinant les usines.

Le Jaune conserve sa dignité et son indépendance.

Le Jaune poursuit les revendications légitimes sans cesser son travail et sans affamer ses enfants.

Le Jaune déteste la tyrannie et se bat pour la liberté.

Le Jaune c'est le croyant, le bon père, le bon camarade, le créateur du bien-être pour tous.

« De tous les points de l'horizon arrivèrent Succès du nouveau groupement. enfin au programme *jaune* des hommes que l'on aurait crus destinés à ne jamais se rencontrer, à ne se jamais connaître ni se comprendre. C'est d'abord un patron, *M. Gaston Japy*, dont la grande intelligence et la valeur personnelle firent un des premiers industriels de ce temps. Ancien élève de l'Ecole Polytechnique, élevé à la rude école des Japy, qui sont des travailleurs acharnés, M. Gaston Japy faisait un pas de géant vers la classe ouvrière au milieu de laquelle il venait prendre place pour l'aider dans son organisation. »

Nous devons citer, parmi les premiers militants ouvriers, *Czulowski*, employé au Havre, à cette heure secrétaire général des Syndicats Jaunes, dont la haute intelligence, le zèle d'un dévoûment à toute épreuve n'ont de comparable que la courtoise amabilité avec laquelle il se met au service de ceux qui veulent étudier la question « Jaune ». Qu'il reçoive ici l'expression sincère et très amicale de nos remerciements ! Avec lui, les ouvriers si admirables de dévoûment et d'ardeur déjà cités, les « *Wayss, Seineville, Abraham*, de Cherbourg, qui, avec les *Claudon*, les *Gautherot*, les *Drouot*, vinrent coudoyer d'autres patrons à l'esprit large et d'intelligence nette comme MM. *Henri de Bellaigue, Raphaël Toutain*, qui, prenant modèle sur l'admirable exemple des Laroche-Joubert, se mettaient avec toute leur sincérité à l'étude loyale et profonde de la réorganisation du travail et d'une évolution sociale scientifique et pratique.

« Animant de leur affection et de leur art ces ouvriers et ces patrons, des poètes, des écrivains, des nobles, des humbles, vinrent apporter leur concours de tous les instants, et les Jaunes comptèrent des hommes et des dévoûments qui s'appellent *Poizat, Paul Harel, Méric,* des collaborations pleines de sacrifices avec les *W. de Weldegg, Albert de Guigné,* etc., etc... Tous, les uns et les autres, par la plume ou par la parole, par les démarches ou le travail matériel assidu, se dépensèrent et se dépensent sans compter au service de la grande cause, dont la beauté souveraine apparaissait à tous. Dès le début, *Théophile* avait apporté ses *Cahiers de l'ouvrier* en même temps qu'une collaboration de tous les instants. Et il est remarquable de noter que *c'est pour ainsi dire par tous ces hommes réunis, et non par un seul, que la doctrine se précisa*[1]. »

Si le Congrès de 1904 fut très beau, combien celui de 1906 fut magnifique, montrant dans ses pacifiques assises le progrès merveilleux de l'idée jaune, qui répond admirablement à ce besoin d'association professionnelle qui se fait jour à cette heure dans toutes les classes du monde des travailleurs. Et notons-le en sociologues, ce besoin d'association n'est que la for-

---

1. *Le Socialisme et les Jaunes,* p. 147-148.

mule extérieure d'une loi profonde de la nature humaine, loi nécessaire, qui s'efforce d'agir pour donner la santé à un peuple. Au fond, avoir retrouvé scientifiquement la formule qui doit présider à l'application rationnelle de cette loi dans notre société moderne, c'est la grande, la suprême force des Jaunes de France : c'est ce qui fera leur triomphe. Nul ne peut aller contre les lois nécessaires de la nature. C'est aussi ce qui fait la faiblesse des Rouges et ruinera leur système, que de fonder leurs syndicats sur la négation même des lois les plus élémentaires qui régissent la nature et les sociétés humaines.

Ce qu'il y a eu d'admirable dans ce Congrès, ce qui fait aussi sa grande force, c'est qu'il représentait d'une façon parfaite notre belle et courtoise nation française, sans exclusion de personnes. Les ouvriers y causaient amicalement avec des patrons grands et petits, le soldat y coudoyait les généraux, la robe du prêtre n'y était point déplacée, le pasteur s'y rencontrait avec le paysan, l'ouvrier mineur serrait la main du représentant de la France d'autrefois ; l'industriel, le commerçant y faisaient cause commune avec des membres de l'Institut ; les poètes et les artistes y apportaient la note harmonieuse et élevée ; tous y étaient unis dans la même pensée de l'apaisement des esprits et de la réconciliation des cœurs.

A ce Congrès, les troupes *jaunes* ont pu se compter :

Elles formaient 409 syndicats *ouvriers*, 41 syndicats *patronaux*.

Elles groupaient 500.000 travailleurs, décidés à ne pas se laisser faire la loi par 377.000 *Rouges*, dont les deux tiers marchent, pour ne pas dire les trois quarts, la mort dans l'âme, dans la crainte de dures représailles : c'est l'application socialiste de la liberté.

II. — PROGRAMME DES SYNDICATS JAUNES

Méthode des Rouges.   Les syndicats *jaunes* sont les adversaires nés des syndicats *rouges* et sur le terrain de la méthode qui est la leur et sur le terrain du programme. La raison de ce fait est des plus simples et des plus rationnelles. La méthode des Rouges est avant tout et uniquement celle des Jacobins ; ils vivent dans le domaine des idées pures et non dans celui des réalités. Pour eux, suivant une parole autorisée, *la Société est une œuvre artificielle capable d'être modifiée au gré de leurs rêves de justice ou de leurs appétits de bonheur*[1]. Dès lors ils veulent faire passer dans le domaine des réalités sociales, toutes les idées qui naissent dans leurs cervelles mal équilibrées. Tels les empiriques du moyen âge, qui ont composé ces vieux grimoires de remèdes burlesques, qui devaient guérir tous les maux... et qui tuaient simplement les malades.

1. Paul Bourget, de l'Académie française.

Les syndicats jaunes emploient la méthode opposée, la méthode expérimentale et scientifique. Ils rejettent le domaine des idées pures et se tiennent exclusivement sur le terrain des réalités. La Société est à leurs yeux *une réalité vivante, que l'on ne saurait améliorer comme toutes les réalités vivantes qu'en acceptant les nécessités qui la conditionnent.* Or les nécessités qui conditionnent la société française au point de vue économique et social forment les lignes intangibles de leur programme, et les améliorations qu'ils apportent aux relations du capital et du travail sont vraies et possibles parce qu'elles tiennent compte de ces mêmes nécessités.

Méthode des Jaunes.

D'ailleurs cette opposition absolue des Jaunes et des Rouges se fait sentir dans la conception même des syndicats.

Les Syndicats Rouges sont :	*Les Syndicats Jaunes sont :*
Des associations quelquefois professionnelles, surtout politiques, d'ouvriers contre les patrons pour conduire, par la lutte des classes, au collectivisme,	Des associations uniquement professionnelles, en dehors de la politique, d'ouvriers et de patrons pour conduire, par l'harmonie des intérêts, à l'accession de l'ouvrier à la propriété,
où l'État unique Patron sera tout, et l'ouvrier rien.	laquelle. hors l'État, fera les ouvriers libres.

Parallèle des Rouges et des Jaunes.

Entrons maintenant dans l'exposé détaillé du programme *jaune*, qui par le fait de l'anarchie des idées dans les syndicats *rouges*, comprend une partie professionnelle et une partie sociale.

Dans notre exposé nous ne séparerons point ces questions.

Accession à la propriété.

1° *Accession des travailleurs à la propriété. — La propriété collective opposée à la propriété collectiviste.* — Tel est le premier point du programme *jaune*. Être propriétaire est, à notre époque, le *seul* moyen d'être indépendant et de pouvoir user de sa liberté : aussi c'est vers la conquête de la propriété que les syndicats *jaunes* orientent la classe ouvrière. Devenir le co-propriétaire de son instrument de travail, le co-associé de l'affaire où il travaille est le noble but que poursuit l'ouvrier *jaune*. C'est le seul moyen de développer et d'utiliser toutes les qualités d'intelligence et d'imagination, si abondantes dans notre race française. Quand l'ouvrier saura que toute la somme de travail qu'il va donner lui profitera entière et augmentera sa part de propriété, il sera hors de l'atteinte de l'anarchie rouge et des basses convoitises qui rongent l'âme collectiviste.

Opinion des économistes.

En 1852, l'économiste anglais John-Stuart Mill écrivait : « ... Malgré l'influence que peuvent avoir une instruction meilleure et plus forte des classes laborieuses et des lois justes pour modifier, à l'avantage des travailleurs, la distribution des produits, *je ne puis croire qu'ils se contentent toujours de l'état de salariés, et qu'ils l'acceptent comme condition définitive.* Ils peuvent consentir à passer par la condition de salariés pour arriver à celle de maîtres, mais non à *rester* salariés toute leur vie. »

Il y a cinquante ans que résonna cette parole prophétique, et le tumulte qui emplit le monde à cette heure vous annonce aujourd'hui que l'heure sonne, où il faut écouter la plainte des salariés. Personne n'a le droit de dire qu'il y aura toujours des salariés, pas plus qu'on n'oserait prétendre qu'il y aura toujours des serfs, toujours des esclaves.

Aucun despotisme ne triomphera des progrès de l'esprit humain dans les masses populaires. Malgré la brutale doctrine des socialistes de toutes les écoles, qui veulent reconstituer l'antique servage sous la forme de la propriété d'État, les travailleurs sortent des ténèbres et s'accoutument peu à peu à la lumière[1].

Le comte de Paris, qui était un économiste de grande valeur, prévoyait, en 1872, cette évolution sociale, et il écrivait dans son rapport à la Commission d'enquête de l'Assemblée nationale ces lignes bien suggestives : « Lorsque dans une entreprise industrielle tous les travailleurs sont, d'une manière ou d'une autre,

1. *Le Socialisme et les Jaunes*, p. 161.

directement intéressés à son succès, il s'accomplit alors une révolution qui, dans l'ordre économique, fait disparaître les grèves et double les forces productives et qui, dans l'ordre politique, peut se comparer à la puissante classe des paysans propriétaires et journaliers à la fois. »

C'est l'évidence même. Les fruits du sol, par le métayage ou autrement, se partagent; pourquoi en serait-il autrement des bénéfices du travail industrialisé?

La loi de nature qui dirige l'évolution des Sociétés humaines les pousse forcément vers l'extension du droit de propriété, ce qui est le programme *jaune*, à l'encontre du programme *rouge* qui est le recul de l'humanité vers le servage antique.

Moyens pour arriver à la propriété. Par quel moyen l'ouvrier pourra-t-il arriver à la *conquête* de la propriété? — Nous disons *conquête* c'est-à-dire effort, car l'ouvrier *jaune* est un ouvrier, conscient de la puissance de son idée, dont la vigueur de l'esprit et l'énergie de la volonté sont secondées par la force du syndicat *jaune* rationnellement organisé. Aussi il deviendra un conquérant qui travaillera à l'organisation du monde du travail. Le *rouge* au contraire est un démolisseur anarchique et brutal, qui s'imagine bêtement, que, quand on aura démoli l'œuvre des siècles dans la société moderne, il possèdera sur les ruines accumulées le paradis terrestre.

Cet effort qui doit mener l'ouvrier à la conquête de la propriété, il le fera dans les syndicats *jaunes* dotés de tout leur organisme de prévoyance et de secours mutuel, comme le sont
les syndicats étrangers. Alors dégagé de tout
souci, de toute préoccupation familiale, il pourra
placer dans l'affaire où il travaille ses économies, qu'il met à la caisse d'épargne quand il
ne les boit pas au cabaret. C'est ce qui est admirablement réalisé chez M. Laroche-Joubert, à
Angoulème, où les ouvriers et employés com-
manditent leur société de papeterie, pour la
somme de 1 million 800 mille francs. Ils ont
conquis pacifiquement la moitié de la propriété
de l'usine.

« Chez MM. Japy frères (5 usines, 8.000 ouvriers) il a été émis depuis cinq ans, des parts
de collaboration de 100 francs, destinées à être
achetées par les contremaîtres et les ouvriers.
Ces parts ont été émises par petits paquets :
(300.000 francs) [1].

M. Coste, dans un récent volume, l'*Espérance
des peuples*, montre que si ces 4 millions d'ouvriers industriels qui dépensent plus de
100 francs par an en liqueurs fortes, mettaient
chaque année 100 francs de côté, ils pourraient,
en seize ans, acheter la plupart des actions de
la grande industrie et y devenir les maîtres.

On le voit donc, les corporations ouvrières

---

1. *Le Jaune*, 7 juillet 1906.

peuvent acquérir une richesse assez grande pour mettre la propriété collective à la portée de tous ; et cela uniquement par le fonctionnement naturel et normal de l'association qui ne peut être vraiment libre, — comme l'individu d'ailleurs, — que si elle devient propriétaire, que si le développement de sa propriété est respecté et favorisé par la loi [1].

La meilleure réponse aux objections, la voilà. Et comme la méthode des Jaunes laisse toute latitude, toute liberté aux patrons, c'est à eux d'étudier les moyens pratiques d'arriver à un résultat. Ainsi peu à peu la propriété *collective*, qui fait des ouvriers de vrais propriétaires et qui est le programme des Jaunes, sera réalisée un peu partout en France ; elle fera rejeter avec un profond mépris la propriété *collectiviste* des Rouges, où l'État sera seul propriétaire et où nous serons tous des troupeaux d'esclaves courbés sous le fouet des chefs socialistes.

Décentralisation. Les résultats de la centralisation. *2° Décentralisation opposée à l'Étatisme des Rouges.* — Les Rouges disent : « Tout à l'Etat ». Les Jaunes disent : « Le moins possible à l'État ». Avec les Rouges, l'Etat, maître de tout, réglemente tout, s'occupe de tout, organise tout, surveille tout. Avec ce régime que Louis XIV a inauguré, que les Jacobins les grands ancêtres ont favorisé par la destruction de toutes les

---

1. *Le Correspondant*, 10 juillet 1906. — *Démocratie et Égalité*, par M. de *Lamarselle*, p. 59.

corporations et associations, que Napoléon Ier a supérieurement organisé, l'État est devenu une immense machine à gouverner. Dès son jeune âge le Français est mis dans cette machine à déformer: son intelligence y est façonnée à l'encontre du bon sens ; sa volonté, assouplie à l'obéissance administrative, y perd toutes ses énergies ataviques ; son esprit aventureux et frondeur est brisé et remplacé par de sots désirs de devenir un domestiqué, trônant toute sa vie sur un rond de cuir avec, pour tout horizon, le banal guichet où s'encadre la banale figure de n'importe qui. Sa science officielle est la part d'ignorance que son professeur officiel lui a donnée; il croit naïvement que la France date de 1789, que les Jacobins furent les amis des ouvriers et des humbles, que la France d'autrefois était le règne de la tyrannie, et que à cette heure il possède toutes les libertés, qu'il est le peuple le plus fier et le plus libre du monde... Le malheureux, habitué qu'il est au servage, ne s'aperçoit même pas dans son cerveau déformé qu'il est privé de toutes les initiatives, de toutes les libertés et enserré de toute part par des règlementations du pouvoir central et despotique que la Révolution lui a donné. Il ne peut bouger sans en avoir demandé l'autorisation ; il ressemble à ce collégien qui pour aller... aux « privés », comme disaient nos pères, en demande humblement la permission à son pion... sauf à faire dans ses culottes, si on la lui refuse, et à pleurnicher dans un coin, l'événement arrivé.

Les Jaunes demandent à l'État de s'occuper de l'Armée, de la Marine, des Relations étrangères, de la Justice, etc., et de laisser aux initiatives privées des Français, — dans des divisions administratives régionales, — le soin de presque tout le reste...

« Le principe fondamental d'une société organisée est que l'État doit servir à régler les rapports et les intérêts des divers corps professionnels ; il n'a pas le droit de pénétrer dans leur vie intérieure. Et croyez-vous que la France, organisée partout dans de vastes associations professionnelles représentées par des « Chambres de capacité », ne ferait pas mieux les affaires du pays que les incapacités appelées à la Chambre ou au Sénat, par le suffrage universel ? Ces Chambres de capacités élues représenteraient les Capacités professionnelles de toute la France, ouvriers, paysans, industriels, etc. C'est là, et non au Palais-Bourbon, que se discuteraient les vrais intérêts de la nation, par assemblées régionales et professionnelles. Elles joueraient avec une compétence absolue le rôle des Commissions si incompétentes de la Chambre des députés, où chaque député s'occupe de questions qu'il n'a jamais étudiées : et les projets sortis de ces Assemblées, qui ne ressembleraient en rien aux lois informes et pitoyables que nos députés inconscients élaborent journellement, iraient éclairer et diriger alors les délibérations de nos assemblées législatives.

Les Jaunes, demandent la liberté absolue d'association, supprimée par la Révolution qui nous a tous mis en tutelle; ils réclament la liberté de l'enseignement; chacune de ces libertés aide l'autre. Est-ce que les grandes Universités anglaises et allemandes sont déchues, parce qu'elles ne sont pas sous la férule de l'État? Est-ce que leurs professeurs ne sont pas des hommes de valeur? et cependant ils se développent en dehors de l'ingérence de l'État. Est-ce que nos Universités provinciales rendues autonomes, ayant la liberté de s'organiser suivant les besoins de la région, ne produiraient pas des hommes d'indépendance et de liberté, uniquement occupés de travaux scientifiques, n'ayant aucun avenir à attendre de l'État? Est-ce qu'une admirable rivalité ne s'établirait pas entre elles? émulation de bon aloi qui tournerait au progrès des sciences, des lettres et des arts. D'ailleurs, les esprits les plus impartiaux de l'Université s'effraient du monopole que demandent les socialistes : un professeur des plus distingués et de grande expérience nous disait : « Supprimer la concurrence nécessaire des écoles libres aux deux degrés, c'est vouloir *crétiniser* notre jeunesse française. C'est ainsi que la suppression de la concurrence industrielle tuerait l'industrie condamnée à s'enliser dans la routine ». Aussi nous, Jaunes, nous demandons la liberté absolue de l'enseignement, dans l'intérêt de l'enseignement lui-même.

Il serait trop long de développer tous les bienfaits d'une décentralisation rationnellement coordonnée, où toutes les intelligences, où toutes les forces vives du peuple français trouveraient sur place, dans l'enseignement, dans l'industrie, dans le commerce, dans les ateliers groupés en de puissantes associations, l'emploi naturel de leur savoir et de leur énergie.

Résultats de la liberté.

Nous ne verrions pas une jeunesse déprimée, incapable d'effort et de vigueur, dont tout l'horizon mondial se borne à la lugubre vision du rond de cuir gouvernemental. Sous l'impulsion vigoureuse de ces syndicats puissants, parce que professionnels, notre vieille audace atavique se réveillerait; les ouvriers, ce quatrième Etat qui se lève, nous donneraient leurs puissantes réserves de qualités françaises qui s'usent à cette heure en des efforts impuissants ; les fils de la bourgeoisie ou du commerce, qui ne laissent les jupons de maman que pour courir après les jupes des « filles », à Paris ou ailleurs, virilisés et puissamment secoués, iraient facilement dans l'univers entier porter les produits parfaits et uniques au monde de l'industrie française redevenue la première, grâce aux efforts intelligents des syndicats *jaunes.*

Alors la France régénérée reprendra son rang dans le monde et le Genêt, symbole des Jaunes de France, reprendra aussi le cours de ses voyages à travers les océans étonnés, non plus comme autrefois voyages audacieux de corsaires, mais voyages civilisateurs de l'industrie nationale.

Jadis, quand nos corsaires partaient en course, « ils plantaient sur le grand mât de leurs navires une poignée de genêts fleuris. Bientôt le rude souffle de la mer éparpillait les pétales morts sur les flots, et alors restait rugueux, impertinent et résistant à tous les vents jusqu'au retour, le balai de bruyère dépouillé de ses parures dorées, mais symbole quand même de la terre de France, qui va, généreuse toujours, belliqueuse quelquefois, au-devant des iniquités pour les combattre, à la rencontre de la misère pour lui tendre une main secourable[1] ».

Cette décentralisation et ces groupements harmonieux par professions et métiers, outre les grands biens dont j'ai parlé plus haut, mettraient en évidence des hommes nouveaux, fils du 4ᵉ Etat, du commerce, de l'industrie ou de l'agriculture. Portés par l'élection de leurs pairs dans les Chambres de Capacité, ils manifesteraient là les qualités de gouvernement, d'intelligence et de virilité, qui les indiqueraient à tous pour les charges publiques, réservées à cette heure aux incapables pourvu qu'ils soient beaux diseurs[2].

---

1. *Le Socialisme et les Jaunes*, p. 70.
2. La polémique ouverte pendant que s'achève ce travail entre les Jaunes et certains groupements catholiques ou qui

Patriotisme.

3° *Patriotisme intelligent opposé à l'Internationalisme.* — De nos jours, où tout est nié, l'idée de patrie, grâce aux négations socialistes, a suivi le sort commun. Notre ancienne organisation française, qui avait fixé l'ouvrier au sol par les corporations, en avait fait un *raciné.*

Et par le fait, était né dans son cœur l'amour de la petite patrie : s'il était français, il aimait

se disent tels, ou qui sont escortés de certains abbés démocrates vivant en marge de la théologie catholique, nous fournit l'occasion de nous expliquer sur la question religieuse. Nous, Jaunes, nous ne sommes pas un groupement confessionnel, nous n'avons pas une théologie à nous; nous sommes des professionnels qui nous réunissons pour améliorer notre sort matériel par l'harmonie du capital et du travail. Mais, comme nous savons qu'il faut à l'homme une doctrine religieuse, nous sommes pleins de respect pour l'idée religieuse, surtout dans sa forme admirable enseignée par Jésus-Christ. Nous désirons que la société reprenne la doctrine du Christ, qu'elle abandonne et qu'elle en poursuive l'application, mais ceci n'est pas l'affaire des Jaunes, c'est l'affaire de la Religion et de ses ministres. Si, pratiquement, nos doctrines sont en harmonie avec l'idée religieuse, c'est par un autre groupement qu'elle doit être propagée. Et les deux principes qui sont les nôtres : « liberté absolue d'association et liberté absolue d'enseignement », permettraient à cette heure où la Séparation est un fait accompli, à l'Église catholique : 1° de s'organiser en toute liberté d'après sa hiérarchie propre, de posséder en toute liberté et de garder tous les biens que l'État à cette heure veut lui enlever ; 2° d'enseigner à tous les degrés en organisant son enseignement primaire, secondaire et supérieur.

Ce programme fera peut-être bondir quelques imbéciles qui se disent libres penseurs. Nous qui ne sommes pas des sectaires, nous voulons la liberté absolue pour les consciences de pratiquer leur religion : nous proclamons ce principe et, logiques avec nous-mêmes, nous en voulons librement l'application.

à se dire Picard, Gascon, Breton, Franc-Comtois. Il aimait tout ce qui touchait à ses origines ; et si quelquefois il laissait « le pays », comme il disait, il aimait, au soir de sa vie, revenir respirer l'air natal, couler ses derniers jours à l'ombre du clocher de son village et dormir son dernier sommeil à côté de ses ancêtres.

Aujourd'hui notre désorganisation économique a fait peu à peu de l'ouvrier un *déraciné*, qui a pris pour devise l'adage latin : *Ubi bene ibi patria*. « Là où je gagne ma vie, là est ma patrie. » Le programme des Jaunes, par leurs syndicats rationnels, par l'accession de tous au capital, par l'organisation régionale et professionnelle, fixera l'ouvrier à la propriété qui le fait vivre, usine, mine ou agriculture. Et dès lors facilement l'idée de patrie renaîtra, et fera revivre ainsi toutes les qualités ataviques qui firent de nos pères de vrais Français.

4° *A l'antimilitarisme des Rouges, les Jaunes opposent une armée forte.* — Ils sont avant tout des *pacifiques* et non des *pacifistes*. Ils désirent et veulent être respectés chez eux, dans leur patrie ; ils n'attaqueront pas, mais ils veulent se défendre chez eux et, pour cela, ils veulent une armée forte. Ils font cas de cet adage des anciens : *Si vis pacem para bellum.* « Si tu veux avoir la paix, sois prêt à faire la guerre. » Ils ont encore du bon sens français dans la cervelle et ils savent que, seuls, les peuples forts se font respecter... Ils ne sont pas des déprimés comme le monde de la sociale, qui tomberait à genoux devant un ennemi puissant, ou présenterait le dos pour y recevoir docilement les coups de botte du voisin.

Ses nécessités économiques

En outre, ils savent qu'à cette heure les luttes de peuple à peuple ne sont que des guerres *économiques*. Telle la guerre russo-japonaise : le Japon avait besoin de clients pour l'écoulement de ses produits du sol ou de l'industrie, il a fait la guerre ; — l'Allemagne a besoin d'exporter au dehors les produits de ses manufactures, elle a besoin de colonies et de ports ouverts à l'exportation... de là, l'affaire du Maroc, de là l'œil d'envie qu'elle jette sur nos colonies appelées à devenir les débouchés naturels de notre commerce et de notre industrie. L'ouvrier *Jaune* connaît tout cela ; il pense et il raisonne à l'encontre du *Rouge*, qui rêve aux utopies socialistes : voilà pourquoi il est patriote et respecte l'armée.

Liberté de conscience.

5° *La liberté absolue de conscience.* — C'est par là que les Jaunes répondent à l'anticléricalisme des Rouges. Ceux-ci veulent asservir la conscience humaine en lui imposant l'athéisme officiel et ils appellent cela la liberté... Faut-il donc que les socialistes aient le goût de l'esclavage ? Les Jaunes, à l'âme droite et loyale disent : « Nous ne sommes en conflit avec les idées religieuses de qui que ce soit. Nous n'avons besoin de détruire aucune religion pour installer la société que nous rêvons et nous restituons à chacun le droit de croire et de pratiquer à sa guise la religion de ses pères. Nous regardons la liberté de conscience comme la plus sacrée de toutes les libertés ».

M. Gaston Japy, qui est protestant, tandis que je suis catholique, ouvre son beau livre, *les Idées Jaunes*, par un chapitre qui a pour titre *Dieu* et qui débute par ces lignes de bon sens : « Depuis qu'ils sont arrivés au pouvoir, les faux intellectuels ont ranimé les luttes religieuses *pour détourner l'attention du peuple et masquer leur ignorance des questions économiques et sociales.* »

Aussi chez les Jaunes règne l'entente la plus cordiale sur ce grand terrain du respect des idées religieuses d'autrui et de la vraie liberté.

6° *Entente cordiale de l'ouvrier et du patron.* — Les socialistes, comme des fous, demandent la suppression du patron et du capital. Dans toute agglomération pour le travail, il y a trois facteurs nécessaires absolument indispensables :

Le travail intellectuel : la direction ;

Le capital : l'argent;

Le travail manuel : l'ouvrier.

Dissocier ces éléments, c'est créer l'anarchie. Quelle entreprise pourra vivre sans argent, être exécutée sans plan ou direction et réalisée sans l'effort du travail manuel? Aussi les *Jaunes*, conscients des réalités sociales et économiques, demandent et veulent l'entente harmonieuse de ces trois forces. Il est juste, il est nécessaire que chacune reçoive une rétribution non pas égale, mais proportionnée au service qu'elle rend. Et comme l'élément capital est souvent, surtout dans les grandes entreprises, un élément étranger à l'affaire, les Jaunes veulent que les ouvriers arrivent peu à peu à le fournir eux-mêmes par leur accession à la propriété.

De cette harmonie naissent les affaires prospères. Est-ce que, pour tout esprit réfléchi, ces trois forces dont nous parlons n'ont pas les mêmes intérêts ? Est-ce que, si l'une vient à manquer, l'affaire ne périclitera pas ? Aussi est-ce par l'entente et l'accord que la solution rationnelle et vraie sera donnée à la question ouvrière. C'est ce que les Jaunes ont déjà réalisé chez quelques patrons *Jaunes*.

Capital qui spécule.

Il y a cependant un capital auquel les Jaunes font la guerre. S'ils veulent le capital qui *travaille*, ils ont horreur du capital qui *spécule*. Le spéculateur est l'être nuisible qui exploite les travailleurs ; il ne crée personnellement rien, mais, par des manœuvres déloyales, il accapare le surtravail produit par le peuple qui peine. Ce capital exploiteur du peuple est représenté par la Haute Banque. Les socialistes, avec leur cynisme habituel, prêchent aux ouvriers la haine du capital qui travaille, du capital qui monte et organise les affaires industrielles, du capital qui les fait vivre, mais ils se taisent sur le capital qui spécule, celui qui ruine et vole le monde des travailleurs ; et, par une aberration étrange, l'ouvrier naïf et simpliste est dupe de ces raisonnements. Pourquoi les chefs socialistes n'attaquent-ils jamais la haute finance cosmopolite ? Parce qu'ils en sont les amis, les associés, on pourrait dire les salariés[1], c'est elle qui commandite leurs journaux[2].

7° *Droit de grève.* — Voici les paroles qu'un patron *jaune*, M. Gaston Japy, prononçait à ce sujet au Congrès de 1904 : « Il n'est que trop certain, l'humanité n'est pas parfaite ; dans certains cas, il faut montrer aux hommes les gendarmes, la force... loin de moi la pensée de vous prêcher la grève qui est néfaste pour l'ouvrier comme pour le patron ; néanmoins, je crois loyal de vous inviter à ne pas renoncer dans votre organisation syndicale, à la sanction qu'elle vous permet dans les cas extrèmes de donner à des revendications *légitimes non écoutées de parti pris* ».

Droit de grève.

1. Lire, à ce sujet, les deux très intéressants chapitres du livre de M. Japy, *les Idées jaunes : le Capital, la Spéculation.*

2. A titre documentaire, voici les noms des actionnaires de *l'Humanité*, journal de M. Jaurès : Lucien Lévy-Bruth, 100.000 francs ; Picard-Lévy, 100.000 francs ; Lévy Bram, 25.000 francs ; Louis Dreyfus, 25.000 francs ; Ely Rodrigue, 2.500 francs ; Salomon Reinach, 10.000 francs ; André Blum, 5.500 francs ; Jules Rouff, 18.000 francs ; Henri Cesewitz, 2.000 francs ; Aristide Briand, 5.000 francs ; Charles Dreyfus, 25.000 francs ; Pressensé, 30.000 francs ; Jaurès, 16.000 francs. Comme vous le voyez, les actionnaires n'ont rien de sémite, leurs noms ont une consonnance bien française. Ce sont tous de braves et bons ouvriers qui payent Jaurès pour vendre l'idée collectiviste ! ! !

Aussi les Jaunes ont sagement organisé le droit de grève. Voici ce que disent les articles 25, 26, et 28 de leurs statuts :

Art. 25. — « Les Jaunes s'engagent à ne faire aucune grève, sans avoir donné par écrit leurs revendications et avoir attendu la réponse quinze jours au moins... En cas de grève, les Jaunes ne doivent se livrer à aucune violence, et les patrons ne renvoyer aucun ouvrier pour fait de grève. » L'article 26 organise l'arbitrage rationnel pour solutionner les différents, que les articles 27, 28, et 29 rendent encore plus faciles à arranger. Pendant les grèves les Jaunes reçoivent un tiers de leur salaire à titre d'indemnité.

Comme tout cela est sage et ressemble peu à la grève anarchique et révolutionnaire des Rouges.

8° *Journée de huit heures*. — Nous avons dit, en traitant du programme socialiste, l'absurdité de cette limitation. Les Jaunes, en ouvriers intelligents et conscients des réalités de leur profession, posent avec M. G. Japy ce problème et disent : « Est-il possible d'imposer les mêmes heures de travail à toutes les industries, par des lois qu'établissent des avocats, des médecins, des professeurs ignorant tout de l'industrie ? Je dis : non !

« Telle usine, en travaillant huit heures, produira autant qu'en travaillant neuf ou même dix heures, ses ouvriers devant fournir un travail musculaire important, faisant dans ces huit heures tout ce qu'ils sont capables de produire. Au contraire, une autre usine pourra travailler dix heures, sans que son personnel ressente de la fatigue. »

« Certaines usines, travaillant soit pour l'exportation, soit pour la production d'articles de saison, pourraient travailler de huit à neuf heures, pendant huit mois, mais auraient besoin de travailler dix heures et demie ou onze heures pendant quatre mois, si elles ne veulent point perdre leur clientèle et voir leurs affaires quitter la France. Ce serait donc aux ouvriers à fixer, d'accord avec les patrons, les limitations des heures de travail et de les discuter ensuite avec les pouvoirs publics[1].

Voilà, n'est-ce pas, le langage du bon sens, de la raison et de l'expérience : comme il diffère, par sa connaissance des réalités de l'industrie, de ce langage enfantin, il faudrait plutôt dire : « fou » des rêveurs de la Sociale, qui veulent tout niveler dans leur culte imbécile de la sainte égalité. Et, quand ils auront fixé à huit les heures de travail des prolétaires, comment feront-ils pour égaliser les efforts de chacun, entre le fort de la halle, et le vendeur de sucre d'orge son voisin ? Rêveurs chimériques ou fous à lier, voilà bien les socialistes : en tout cas, gens à enfermer, parce qu'ils trompent les ouvriers.

---

1. *Les Idées jaunes*, p. 114, 115.

9° *Moyens pour réaliser ce programme.* — Pour réaliser le programme rouge, il faut *la lutte des classes.* Pour réaliser celui-ci, il faut d'abord *l'entente des classes*, par la connaissance vraie des intérêts, qui sont *les mêmes* chez l'ouvrier, chez le patron et chez le capitaliste; c'est une simple question de bon sens, en face de la Révolution Rouge. Ensuite une connaissance scientifique, et non fantaisiste, des réalités économiques qui sont les lois profondes par lesquelles vit, prospère et grandit une nation comme la France : ceci n'est au fond qu'une question d'étude intelligente, chose encore facile à cette heure.

Enfin, nous avons indiqué dans la brochure, publiée par *l'Écho de Paris* (*l'Utopie socialiste*), les moyens pratiques d'amener ces résultats, nous les reproduisons :

Comment procéderons-nous ?

Par deux méthodes mises en action parallèlement :

1° L'une négative, destinée à faire tomber les obstacles existants ;

2° L'autre créatrice, destinée à créer une législation appropriée au but poursuivi et à faire des organisations de conquête ainsi que des expériences sincères.

Période de déblaiement. — Abattre les pré-

jugés « étatistes », combattre les « monopoles »,
les « rachats par l'État », la « socialisation » ou
la « nationalisation », les « mises en régie »,
tous termes synonymes d'expropriation.

En effet, les partis politiques se sont peu à
peu laissé envahir par ces procédés de réaction
contre la civilisation et la liberté individuelle,
moyens réactionnaires qui provoquent les résultats suivants :

1° Ils aident à l'acclimatation des idées escla-
vagistes formant le fond et la forme des doctrines collectivistes ;

2° Ils exproprient les individus au profit d'une
force anonyme, implacable et irresponsable ;

3° Ils fonctionnarisent les hommes et les
moyens de production ;

4° L'homme, privé de l'appui et de la résistance que permet la propriété individuelle, est
à la merci de l'administration ;

5° Les pouvoirs de la bureaucratie et du gouvernement sont absolus. Aucun recours n'est
plus possible contre la Poste, les Téléphones, la
Régie, les Ponts et Chaussées, etc. ;

6° L'humanité est repoussée dans l'esclavage anonyme sous la conduite de fonctionnaires serviles.

Luttons donc :

Contre l'État, mauvais producteur, mauvais
patron et mauvais administrateur ;

Contre les monopoles exploiteurs ;

Contre le Socialisme qui, sous prétexte de libérer les individus, veut créer un monopole unique et exproprier tous les hommes.

Moyens. — 1° Organisation des ouvriers en syndicats par corporations, régions et métiers ;

2° Organisation des patrons, des commerçants, etc., en syndicats autonomes par corporations, régions et métiers ;

3° Fédération de ces corporations entre elles, par régions et nations et groupements d'industries et d'intérêts :

a) Pour lutter contre la spéculation qui accapare les matières premières et ensuite les denrées de consommation ou les matières industrialisées ;

b) Pour régulariser la concurrence ;

c) Pour réfuter des lois inspirées par des intérêts politiques primant les intérêts économiques.

Les syndicats d'ouvriers, de patrons, de commerçants et d'agriculteurs formeront des *Chambres de Capacité* composées par les délégués de ces différentes associations. Chaque fois que le Parlement, *composé d'incompétences*, sera appelé à statuer *sur des intérêts ou des lois économiques*, il devra préalablement consulter les *Chambres de Capacité*.

Des projets de lois seront déposés pour que la loi sur les sociétés anonymes par actions soit remaniée, afin que dans toutes les sociétés nouvelles, destinées à mettre en œuvre le travail humain, une part du capital à souscrire soit réservée aux travailleurs.

La capacité civile entière sera donnée aux syndicats avec les responsabilités inhérentes. Le syndicat de métier pourra ainsi avancer de l'argent à ceux de ses membres désirant *s'associer à l'Industrie*. A leur défaut, l'État pourra prêter aux associations, contre les garanties de l'industrie et de la corporation intéressée, les sommes nécessaires à la participation au capital du personnel ouvrier. Chaque membre associé se libérera, pour sa part d'achat vis-à-vis de l'État ou de son association, de la part du capital souscrit par lui.

Conclusion. — Voilà, entre mille, quelques arguments démonstratifs contre le collectivisme et pour servir d'exemple à la réalisation pratique de l'accession à la propriété.

Il faudrait plus que quelques lignes pour développer scientifiquement ce sujet. Nous lançons l'idée sous sa forme pénétrante *de fait réalisable* et réalisé.

Nous concluons :

Les Jaunes veulent que le salariat moderne se transforme en un régime où le travail, le capital et l'intelligence seront étroitement unis, formeront un même corps et une même âme. Les socialistes, eux, rêvent *de multitudes réduites à la servitude des bagnes... Choisissez !*

III. — PROGRAMME DES SYNDICATS JAUNES APPLIQUÉ

Le programme jaune réalisable de suite. Le programme rouge irréalisable.

Le programme des *Jaunes* n'est pas une de ces utopies, un de ces rêves creux dont les promoteurs renvoient sans cesse l'application dans un avenir lointain, et qui nécessite de tels bouleversements qu'on n'en aperçoit la possibilité qu'à travers un changement radical complet, aussi grand que celui qui parviendrait de l'adaptation à notre tempérament français des mœurs de l'Inde ou de la Chine. Tel le programme collectiviste. Personne n'étant plus propriétaire de rien, tous étant des salariés, la France serait changée en une grande caserne où chacun ferait le travail commandé, recevrait le même salaire, travaillerait le même nombre d'heures, donnerait la même somme d'efforts, recevrait le même bien-être, à cause de la sainte égalité. Quelle vie, mes amis, quel bonheur répandu dans cette société nouvelle, où tout se fera par ordre dans une égale mesure! Là, l'armée des travailleurs de la terre piochant par ordre ou prenant leur repos par ordre; ici les femmes stériles recevant un surcroît de travail pour arriver à produire une somme d'efforts égale à celle des femmes qui ont accouché : sainte égalité... sottises, bêtises accumulées!!! Et, au-dessus de cette immense armée de nègres, l'armée des mandarins qui commandera à cette foule de salariés, tandis que ceux-ci n'ayant d'autre préoccupation et d'autre souci que l'effort à produire pour boire, pour manger et pour travailler, ressembleront à des bêtes sans raison... Et afin d'arriver à réaliser ce beau rêve de l'humanité abêtie et transformée, il faut faire de l'anticléricalisme, puis de l'internationalisme, puis de l'antimilitarisme, puis... la grande lutte des classes; et quand la révolution aura détruit usines et industries alors se lèvera l'aurore des temps nouveaux.

Avec le programme des *Jaunes*, les temps nouveaux sont déjà venus; tandis que Jaurès et Cie refusent d'appliquer le programme collectiviste dans le groupement de leur journal *l'Humanité*, où le patron touche de 20 à 40.000 francs, tandis que le vendeur du journal ne touche que 40 sous, les patrons jaunes ont fourni à leurs ouvriers les moyens de devenir co-propriétaires de leur instrument de travail. Chez M. Laroche-Joubert, le grand fabricant de papiers d'Angoulême, ses ouvriers qu'il appelle ses coopérateurs ont déjà un million du capital social, ils sont associés à l'affaire à laquelle ils travaillent; ils ne sont plus des salariés, ils sont des propriétaires, des hommes libres, travaillant pour eux.

A l'encontre du programme rouge, le programme *Jaune* s'exécute sans aucun bouleversement, l'accession à la propriété, la partie la plus difficile, est déjà un fait acquis dans quelques usines. D'ailleurs, chaque patron, chaque industriel, a le libre choix des moyens qui doivent s'harmoniser avec son genre d'affaires, son commerce, sa production; tel système, bon ici et facile à appliquer, est mauvais ailleurs; à chacun de voir et d'adapter une méthode particulière à chaque besoin particulier.

Et cette méthode des Jaunes en dehors de l'ingérence de l'État est la méthode rationnelle : convaincre les patrons de la nécessité qui s'impose à tous, de la transformation nécessaire du salariat moderne, former des groupements jaunes d'ouvriers d'un côté et de patrons de l'autre, pour étudier sagement les voies et moyens, suivant les métiers, les régions. Que fait l'argent improductif de nos caisses d'épargne? Que l'ouvrier l'emploie donc à devenir co-propriétaire ; qu'il fasse travailler son argent lui-même.

Comment l'appliquer dans les sociétés minières.

Dans nos grands groupements d'ouvriers mineurs, que le gouvernement fasse fractionner les actions de ces compagnies par coupures de 100 francs; que les directeurs, ingénieurs, poussent leurs ouvriers à acheter une ou plusieurs coupures avec les économies qu'ils vont boire au cabaret, et la question ouvrière sera solutionnée dans les mines... L'ouvrier ne travaillera pas seulement pour gagner son salaire et faire la fortune des actionnaires; actionnaire lui-même, co-associé, co-propriétaire il travaillera pour lui. Si nos 200.000 ouvriers mineurs étaient groupés en syndicats jaunes, et si des fractions de 100 francs étaient créées pour chaque action, la transformation ouvrière serait vite faite, et les millions nécessaires ou seraient rapidement économisés, ou sortiraient rapidement de nos caisses d'épargne, afin de permettre à l'ouvrier de travailler pour lui-même et de devenir l'actionnaire de la société minière dont à cette heure il est le salarié.

Oui, généralisons et développons l'expérience. Il y a à Paris de grandes sociétés qui ne dépendent pas de l'Etat ; que leurs chefs intelligents et hommes de progrès étudient le programme *Jaune*, qu'ils en voient le fonctionnement bienfaisant chez MM. Japy à Beaucourt, chez M. Laroche-Joubert, qu'ils l'appliquent chez eux sagement, progressivement, comme doit se faire toute transformation sérieuse ; et rapidement ils auront compris toute la puissance, tout le développement que donnera à leur Société cette union organisée de toutes les intelligences et de toutes les bonnes volontés à une affaire qui ne comptera que des intéressés. N'est-ce pas d'ailleurs le groupe des employés intéressés des magasins du Printemps, qui a facilité le sauvetage de cette affaire. On peut affirmer d'avance qu'il n'y a pas d'affaire au monde tant soit peu sérieuse qui ne devienne bonne, souvent brillante, lorsqu'elle peut grouper l'effort coordonné de toutes les intelligences, depuis le patron directeur jusqu'au commissionnaire qui porte la marchandise.

Initiative des employés et des ouvriers.

Si les patrons ne prennent pas l'initiative, que les ouvriers, les employés la prennent et qu'ils se groupent en fondant des syndicats *jaunes*. Les employés d'un grand magasin viennent d'en donner l'exemple. Certainement ils arriveront, s'ils n'y sont déjà arrivés, à obtenir de la direction de devenir peu à peu les commanditaires de la maison : ils travailleront avec plaisir et conscience à la prospérité de leur propre affaire. Que les employés des autres grands magasins suivent cet exemple et avant quelques années, le programme jaune aura renouvelé et développé, en l'améliorant, tout le commerce parisien. Chacun travaillera avec joie et espérance à gagner les appointements que lui apportera son travail d'intéressé, de co-propriétaire et de co-associé.

Comment appliquer le programme dans les chemins de fer.

Généralisons, développons l'expérience. Que les compagnies de chemin de fer fassent de leurs actions, qui varient de 400 à 1.900 francs, des coupures de 100 francs et nombre de leurs employés deviendront des actionnaires, des propriétaires. Deux avantages en seront immédiatement retirés : le premier sera une diminution d'un gaspillage inhérent à des organisations si compliquées; les employés actionnaires devenus nombreux, exerceront partout une surveillance légitime et salutaire; le deuxième sera pour les employés, d'être représentés aux assemblées des actionnaires, d'y faire entendre leurs justes réclamations, quelquefois étouffées par des actionnaires étrangers et ne travaillant pas eux-mêmes.

Ce programme bienfaisant et rationnel amènera avec l'apaisement entre le capital et le travail la fin des grèves politiques. Pendant que l'application en sera faite dans les grands groupements, elle sera mieux étudiée pour les petites industries, pour les petites affaires; les initiatives privées, mises en activité, arriveront peu à peu à trouver les diverses et naturelles solutions qui ne se voient pas sur l'heure, que nous ne connaissons pas. Il faut le dire, cette solution de la question ouvrière est si rationnelle, qu'elle est pratiquée avec mille variantes par des patrons intelligents et qui s'ignorent les uns les autres. Telle maison, telle affaire n'est prospère et ne vit tranquille et heureuse depuis longtemps, que par les intérêts groupés des ouvriers et des patrons, des chefs et des employés.

Les petites industries suivront les grandes.

A cette heure nous semons, nous jetons les idées salutaires et vraies de la doctrine *jaune*, nous éclairons les intelligences. Comme la graine vivante tombant dans le sol labouré, pousse, grandit et donne une riche moisson, de même les idées *jaunes*. Nous devons rendre justice à toute la bande de la sociale et la remercier : ce sont ses chefs qui ont préparé le terrain où nous semons aujourd'hui; leurs violences haineuses, leur anarchie organisée, leurs grèves ruineuses parce que politiques, ont été comme le soc aigu et fort de la charrue qui a pénétré

Nous semons l'idée Jaune.

le sol violemment, a retourné la terre en la brisant, et nous permet en ce moment de semer le bon grain du programme *jaune*. Il y a quelques années, les esprits n'étaient point éclairés ; les idées socialistes, collectivistes, n'avaient point donné aux intelligences le choc nécessaire, et les idées *jaunes* eussent eu le sort de la semence que le laboureur jette sur le grand chemin. Aujourd'hui c'est différent : la terre est prête ou se prépare, le grain germera, nous pouvons le jeter sans crainte. De même que nulle force humaine ne peut empêcher la nature qui a reçu la semence de donner des moissons, de même nulle force humaine n'arrêtera le progrès de l'idée jaune dans les esprits.

Double but
des jaunes.

Les syndicats *jaunes* ne veulent pas seulement arriver à la copropriété de leur usine ; ils veulent encore et surtout s'organiser et devenir de grandes familles ouvrières, comme le sont les vrais syndicats allemands ou anglais. En France, les syndicats rouges emploient l'argent des subventions à nourrir les faméliques et les exploiteurs qui logent dans leurs bourses du travail, à faire de l'agitation politique ou à publier le *Manuel du soldat* ou *les Méthodes de sabotage*, etc., etc. Les jaunes veulent d'abord être libres de tout groupement politique, ils ne se sentent pas faits pour porter le collier ; ils veulent que leurs cotisations, sagement administrées, soient fraternellement réparties suivant les besoins des camarades *jaunes*, quand ils sont malades, quand il sont malheureux, quand arrive un chômage, quand un accident les frappe, quand leurs vieux parents sont infirmes. *Enfin ils revendiquent pour leurs syndicats le droit de propriété.*

CONCLUSION

Puisse ce petit livre, par sa doctrine simple, claire et sûre, montrer aux travailleurs de France, ouvriers et patrons, la solution du grave problème qui les divise à cette heure et faire toucher du doigt aux ouvriers l'inanité, la fausseté, l'erreur absolue du programme socialiste-collectiviste, assemblage incohérent de rêveries.

Puisse-t-il faire comprendre aux trois forces vivantes nécessaires pour toute production : Travail, Direction, Capital, qu'une juste rétribution est due à chacune d'elles et que, de leur union coordonnée dans ce groupement rationnel et bienfaisant formé par *les Syndicats Jaunes*, naîtra pour la France une ère de paix et de prospérité.

Aux travailleurs, nous voulons donner la liberté, la sécurité du lendemain et le bien-être par l'accession à la propriété rendue plus facile.

Aux patrons, nous voulons assurer l'évolution nécessaire de leurs affaires industrielles ou commerciales par la communauté de leurs intérêts avec leurs ouvriers.

Aux capitaux, nous voulons donner la sécurité et la juste rétribution, par l'organisation harmonieuse de tous les intérêts professionnels.

Nationalement, les Jaunes feront donc revivre la paix sociale, l'harmonie entre les hommes.

Leur lutte contre les monopoles, contre le socialisme, contre l'étatisme, rendra la liberté et donnera l'accès de la propriété à des milliers d'êtres humains jusqu'ici asservis par l'argent ou par l'Etat.

TABLE DES MATIÈRES

TOURS. — IMPRIMERIE DESLIS FRÈRES, 6, RUE GAMBETTA.

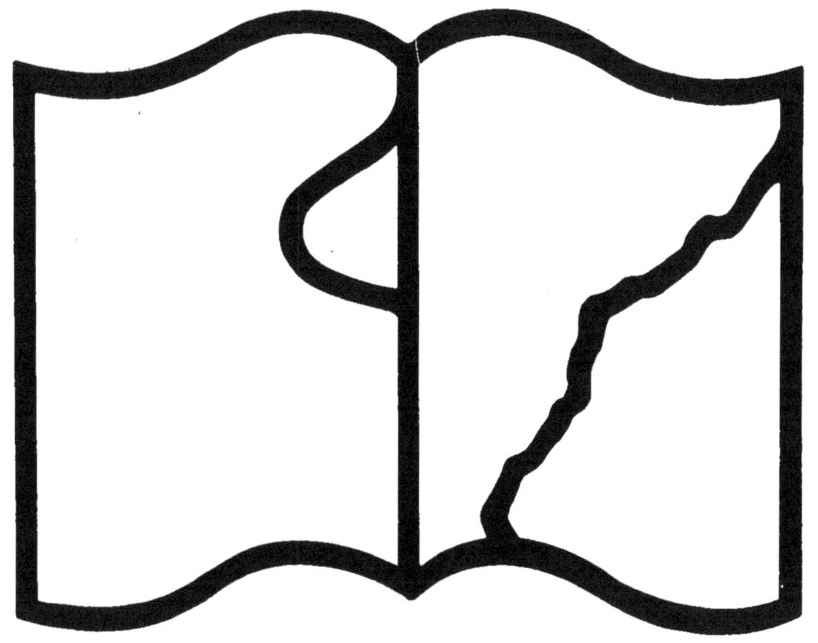

Texte détérioré — reliure défectueuse

NF Z 43-120-11